제로에서 시작하는 자본론

* 이 책은 한국연구재단(NRF-2021S1A3A2A02096299)과 일본학술진흥재단
신진 연구 '환경위기 시대의 탈성장과 그린뉴딜의 비판적 통합'(JP20K13466)의
지원을 받아 수행한 연구 결과물이다.

* 이 책은 〈NHK 100분 de 명저〉에서 2021년 1월과 12월에 방송된
『카를 마르크스 자본론』의 텍스트를 기초로 가필, 수정하고
새로 쓴 장을 추가한 것이다.

DAS KAPITAL

ゼロからの 資本論

제로에서
시작하는
자본론

사이토 고헤이 지음
정성진 옮김

斎藤幸平

arte

일러두기

— 『자본론』제1권에서 인용한 문장은 저자가 직접 번역했다. 원저는 1962년
  디츠사에서 출판한 독일어판『카를 마르크스·프리드리히 엥겔스 전집』제23권을
  참고했으며, 인용문 뒤에 괄호를 쳐 해당 쪽수를 표시했다.
— 해당 쪽수에 이어 빗금 부호(/) 뒤에 병기된 숫자는 옮긴이가 추가한 것으로 본
  인용문에 해당하는 한국어판『자본론』제1권(김수행 옮김, 비봉출판사, 2015)의
  쪽수이다.
— 다른 마르크스 저작의 인용문도 저자가 직접 번역했지만, 해당 부분을
  오쓰키쇼텐판『마르크스-엥겔스 전집』의 쪽수로 표시하고 '『전집』제13권 6쪽'과
  같이 표기했다.
— 저자가 언급한 책 중 국내에 출간된 도서는 역주를 통해 출간본 표기대로 서지
  정보를 일러두었다.

— 국립국어원의 한글맞춤법과 외래어표기법을 따르되, 관용적으로 굳어진 일부
  용어에는 예외를 두었다.
— 책은 겹낫표(『 』), 정기간행물은 겹화살괄호(《 》), 논문, 법률 등 짧은 글은
  홑낫표(「 」), 영화는 홑화살괄호(〈 〉)로 묶었다.
— 원문에서 드러냄표로 강조한 부분은 굵은 서체로 표기했다.
— 원문의 인용문에서 드러냄표로 강조한 부분은 해당 문장의 저자(카를 마르크스
  등)에 의한 것으로 밑줄로 표기했다.
— 원주는 원문과 같이 각주로 두었고, 역주 또한 각주로 두되 문장 말미에 '옮긴이'로
  표기해 구분했다.

차례

『자본론』과 빨간 잉크

　　　　　당신이 이 입문서를 집어 든 이유는 무엇일까요? 하루하루가 즐겁기만 한 사람이 이 책을 적극적으로 손에 쥘 확률은 낮을 것입니다. 적어도 막연하게나마 지금의 직장이나 사회의 모습에서 삶의 고단함과 허무함을 느끼거나, 기후변화와 엔저 소식에 미래에 대한 불안감을 느끼는 사람이 많을 것입니다.

　코로나 사태는 현대사회의 불평등이 심각한 수준에 이르렀음을 가시화했습니다. 백화점에서는 400만 엔이 넘는 초고가 시계가 불티나게 팔리는 반면, 코로나 사태로 생활이 어려워진 많은 사람이 무료 급식소 앞에 줄을 서고 있습니다.

　일본에서 연소득 300만 엔 미만인 독신자의 저축액을 보면, 30대의 중간값은 15만 엔, 40대는 고작 2만 엔에 불과합니다. 전체 취업자의 40퍼센트에 육박하는 비정규직 노동자의 생활이 상당히 궁핍하다는 것을 알 수 있습니다. 이것으로는 당연히 결혼도, 육아도 할 수 없고, 노후를 위한 저축도 할 수 없습니다.

정규직이어서 어느 정도 수입이 있는 사람이라도 생활에 여유가 없습니다. 맞벌이하느라 부부가 모두 일과 가사에 지쳐서 가족끼리 오붓하게 보낼 수 있는 시간이 적습니다. 야근을 줄이려 해도 30년 만기 주택담보대출과 아이들 학원비가 가계를 압박합니다. 조금이라도 절약하려고 스마트폰을 알뜰폰으로 바꾸거나 인터넷쇼핑몰에서 포인트를 적립하는 사람도 많을 것입니다. 한마디로 생활이 팍팍하다는 얘기입니다.

지구환경도 위태로운 상황입니다. 폭염, 홍수, 가뭄 등의 피해는 이미 세계 곳곳에서 일어나고 있지만, 앞으로 기후변화의 영향은 점점 더 커질 것입니다. 억 단위의 사람들이 지금 살고 있는 곳에서 쫓겨나고, 물 부족과 식량 부족이 매년 발생하며, 산불과 홍수로 인한 경제적 손실도 커질 것입니다.

이런 상황을 감안하면 지금 여러분이 느끼는 불안과 삶의 어려움은 근거가 없는 것이 아닙니다. 오히려 우리의 삶이 점점 더 풍요로워지리라는 약속이 21세기에 들어서는 더 이상 지켜지지 않고 있습니다. 그래서 여러 곳에서 자본주의를 '개혁'해야 한다는 주장을 제기하고, 경우에 따라서는 그 '위기'나 '한계'까지 지적하고 있습니다.

대략 이 정도까지는 이 책을 손에 든 적잖은 사람들이 공유할 수 있는 문제의식이라고 생각합니다. 다만 여기서 '그래서 마

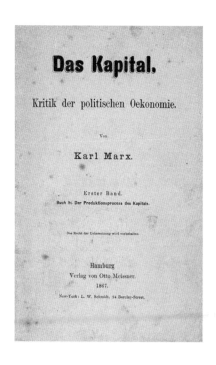

『자본론』제1권 초판(오토마이스너사 간행)의 첫 페이지
[오사카공립대학 스기모토(杉本)도서관 소장 도서에서 일부 이미지를 가공하여 게재].

르크스다'라고 하면 반신반의할 수도 있습니다. 아직도 마르크스? 더군다나 코뮤니즘이라니…… 자본주의의 자유와 풍요를 버릴 수 있겠어?—나 자신도 대학생 때부터 계속 그런 말을 들어 왔고, 지금도 마찬가지입니다.

마르크스에 대한 의심, 나도 잘 알고 있습니다.『자본론』제 1권 초판이 출간된 때는 1867년. 도쿠가와 요시노부(德川慶喜, 1837~1913)가 대정봉환(大政奉還)*을 한 해입니다. 인터넷도 없고, 현대와 같은 금융시장도 없었습니다. '150여 년 전에 자본주의를 논한 책을 지금 와서 애써 읽어 봤자 무슨 소용이 있을까……' 하고 주저하게 될 것입니다.

그리고 설령『자본론』을 읽어서 이해한다고 해도, '무의미하다' '소련의 붕괴가 마르크스주의의 실패를 역사적으로 증명하지 않았느냐'라는 반응도 많습니다. 실제로 마르크스주의와 사회주의를 표방하던 소련이 붕괴된 이후 세계적으로 좌파는 약화되었습니다.

노동자 해방을 위한 사회주의혁명이라는, 한때 많은 사람을 매료시킨 마르크스주의의 '거대 담론'은 사라졌습니다. 그 대신 자본주의의 계속된 발전에 말미암아 AI와 로봇공학이 인간을 노동에서 해방하고, 우주여행이 가능해지며, 유전공학의 발전

* 대정봉환: 1867년 11월 9일 도쿠가와막부 15대 쇼군 도쿠가와 요시노부가 메이지 천황에게 통치권을 반납하겠다고 선언한 정치적 사건을 가리킨다.—옮긴이

으로 우리는 200세까지 살 수 있게 될 것이라고 호언장담합니다. 물론 지구환경도 지속 가능할 것이라고 합니다.

하지만 그 결과, 세상은 어떻게 되었을까요? 자본주의를 비판하는 사람이 없어지고, 신자유주의라는 이름의 시장 원리주의가 세계를 휩쓸어 불평등이 급격히 확대되었을 뿐 아니라, 글로벌 자본주의는 이 혹성의 모습을 엉망진창으로 만들어 버렸습니다. 반면, 약속된 '꿈의 기술'이 완성될 전망은 전혀 보이지 않습니다.

그런데도 자본주의를 정면으로 비판하고 자본주의를 극복하자고 주장하는 사람이 여전히 일본에는 거의 없습니다. 왜 그럴까요?

이런 일본 사회의 상황을 생각하는 실마리로 유명한 농담을 하나 인용해 보겠습니다.

한 남자가 동독에서 시베리아로 보내졌습니다. 그는 자신의 편지를 검열관이 읽는 것을 알고 있습니다. 그래서 그는 친구에게 이렇게 말했습니다. "암호를 정해 두자. 만약 내 편지가 파란 잉크로 쓰였다면, 편지의 내용은 진실이다. 하지만 만약 빨간 잉크로 쓰였다면 그것은 가짜다." 한 달 후 그의 친구가 편지를 받았을 때, 모든 것이 파란색 잉크로 쓰여 있었습니다. 거기에는 이렇게 적혀 있었습니다. "이곳에서의 생활은 매우 훌륭하다. 맛있는 음식도 많다. 영화관에서는

서양의 재미있는 영화를 상영한다. 집은 넓고 고급스럽다.

여기서 살 수 없는 것은 빨간 잉크뿐이다.”

이 농담은 소련의 ‘사회주의’를 다뤘지만, 자본주의 생활에도 그대로 적용될 수 있을 것입니다. 지금 우리가 누리는 ‘자유’와 ‘풍요’는 바로 이 파란 잉크로 쓰인 편지의 세계입니다. 예를 들어, 일본에 사는 우리는 우버이츠에서 맛있는 음식을 주문할 수 있고, 넷플릭스에서 좋아하는 영화를 볼 수 있으며, 로봇 자동 청소기를 살 수도 있습니다. 그런 세상에서는 우리가 원하는 모든 자유가 실현되는 듯이 보일 수도 있습니다.

하지만 이는 단지 이 사회의 불합리를 그려 낼 수 있는 빨간 잉크가 없기 때문일 수도 있겠지요.

왜냐하면 실제로는 월급도 적고, 일도 재미없기 때문입니다. 집도 차도 대출을 받지 않으면 (혹은 대출을 받아도) 살 수 없습니다. 정년까지 열심히 일해도 연금을 받지 못할 수 있습니다. 게다가 기후 위기는 점점 더 심해지고 있습니다. 더욱이 인플레이션에 시달리는 세계경제의 앞날이 불안하고, 일본에는 엔저와 인구 감소라는 문제도 있습니다. 사실 앞으로도 자본주의가 계속될 것이라고 말하며 미래에 희망을 거는 사람은 점점 줄어드는 것 같습니다.

세상의 현실에 지쳐 회사를 결근하고 낮부터 놀러 다녀도 별다른 벌을 받지 않을 것입니다. 지금과 같은 절망적인 상황에서도 자본주의에서 경제성장과 기술혁신이 밝은 미래를 가져다주리라 믿고 이를 악물고 계속 일해야 한다면, 그것은 단지 자본주의에서는 빨간 잉크를 구할 수 없어 세상이 파란 잉크로만 칠해져 있기 때문인지도 모릅니다.

지금 우리에게 필요한 것은 빨간 잉크입니다. 그리고 우리가 한 번은 버린 『자본론』이 바로 그 빨간 잉크입니다. 왜 그럴까요? 그것은 『자본론』을 읽음으로써 우리는 이 사회의 부자유를 정확하게 표현할 수 있기 때문입니다. 또 그것은 잃어버린 자유를 회복하는 첫걸음이 될 것입니다.

단, 처음부터 기죽이는 것 같지만 『자본론』을 독파하는 것은 상당히 어렵습니다. 분량이 방대하고 서술방식도 독특합니다. 곳곳에 등장하는 철학적 표현에 걸려 넘어지는 사람도 있을 것입니다. 하지만 걱정하지 마세요. 이 책을 '제로에서 시작하는' 입문서로 활용하면 될 것입니다.

이 책에서는 최근의 연구 성과를 바탕으로 『자본론』을 완전히 새로운 관점에서—'제로에서'—다시 읽고, 마르크스사상을 21세기에 살릴 수 있는 길을 함께 고민해 보겠습니다. 그렇게 함으로써 자본주의가 아닌 다른 사회를 상상할 수 있는 힘을 되찾을 수 있을 것입니다.

'상품'에
휘둘리는
우리

Das Kapital.

° 남쪽 섬 어부의 이야기

도시에서 열심히 일하는 사람과 남쪽 섬에 사는 어부가 나누는 이야기를 들어 본 적 있나요?

"왜 너는 매일 그렇게 게으름을 피우는 거야. 좀 열심히 일해서 돈을 벌어라."
"그렇게 열심히 일해서 모은 돈으로 뭘 할 건데?"
"돈 많이 벌어서 은퇴하면 느긋하게 낮잠 자고 낚시하며 살고 싶으니까."
"어, 나는 벌써 그렇게 하고 있어."

우리는 도대체 무엇 때문에 매일매일 힘들어하면서 그렇게 많은 일을 하고 있을까요? 맛있는 것을 먹으려고? 해변에서 휴가를 보내려고? 아니면 여유로운 노후를 보내기 위해서? 그렇다면 위 이야기의 어부는 도시에 사는 우리보다 훨씬 나은 삶을 사는 것 같습니다.

물론 지금 하고 있는 일을 좋아하고, 처우와 노동조건에 만족하는 사람도 있겠지요. 그렇다면 정말 운이 좋은 사람입니다. 왜냐하면 조금만 주위를 둘러보면, 일에 만족하지 못하고 고통스러워하는 사람들을 쉽게 찾을 수 있을 테니까요. 파트타임 배우자나 비정규직 동료 중에도 그런 사람들이 있을 것입니다. 여기에는 이미 '계급'의 문제가 숨어 있습니다.

하지만 갑자기 계급의 차이를 강조하기보다는 먼저 우리 사이의 큰 공통점에 주목해 봅시다. '일을 한다'는 사실은 남쪽 섬의 어부도, 일본에 살고 있는 우리도 공통된 것입니다. 어부도, 샐러리맨도 모두 살기 위해 일합니다.

그래서 먼저 우리가 매일 하는 '노동'이라는 행위에 대해 생각하는 것으로 자본주의에 서서히 접근해 보겠습니다.

° '물질대사'로서의 노동

인간은 다른 생물과 마찬가지로 끊임없이 자연에 작용하여 다양한 것을 만들어 내면서 이 지구상에서 삶을 영위합니다. 의식주 등을 얻기 위해 인간은 적극적으로 자연에 작용하고 그 모습을 변화시키며 자신의 욕구를 충족합니다. 이러한 자연과 인간의 상호작용을 마르크스는 생리학 용어를 사용하여 '인간과 자연의 물질대사'라고 말했습니다.

'물질대사'는 원래 화학·생리학 용어로 '생체에 들어온 물질이 다양한 화학변화를 거쳐 다른 물질이 되어 체외로 배출되는 과정'을 가리키는 말입니다. 먹은 것이 소화되어 영양이 되고, 필요 없는 것은 체외로 배출되는 과정이라고 말하면 쉽겠지요?

1850년대 이 개념을 공식적으로 처음 사용한 사람은 독일의 화학자 유스투스 폰 리비히(Justus von Liebig, 1803~1873. 본서 4장 참조)입니다. 마르크스는 리비히의 저서를 열심히 연구하여 물질대사 개념을 『자본론』에 도입했습니다. 당시 이 개념은 자연과학 영역을 넘어 철학, 경제학 영역에서도 널리 사용되고 있고, 마르크스 역시 이 개념을 이용해 '인간과 자연의 관계'를 분석했습니다.

이 개념은 마르크스가 『자본론』에서 던지는 메시지의 핵심에 접근하는 데에 매우 중요한 개념입니다. 이 책은 물질대사론을 바탕으로 『자본론』을 읽어 나간다고 해도 과언이 아닙니다. 필자는 마르크스를 따라 '노동'이라는 행위를 중시하기 때문입니다.

다시 말해 인간이 자연과의 물질대사를 조절하고 통제하는 행위가 바로 '노동'입니다. 예를 들어 『자본론』 제1권 5장 1절 '노동과정'에서 마르크스는 다음과 같이 '노동'을 정의하고 있습니다.

노동은 우선 인간과 자연 사이의 한 과정, 즉 인간이 자신의 행위로 자연과의 물질대사를 매개하고 규제하고 제어하는 한

과정이다. (192/237)

'노동'을 노동자 '착취'에 관한 이야기라고만 생각한다면 이런 점을 놓칠 수 있습니다. 하지만 착취는 아직 한참 뒤의 이야기입니다. 앞 문장에서 마르크스는 좀 더 일반적인 이야기를 하면서, 노동과 물질대사가 분리될 수 없음을 지적합니다.

사실 도시에 살다 보면 잊기 쉽지만, 인스턴트 라면도 컴퓨터도 자연을 이용하지 않고는 만들 수 없습니다. 마르크스는 자연과의 물질대사는 인간의 생활에서 "영원한 자연적 조건"이라고 말했습니다(198/246). 즉, 아무리 기술이 발달해도 우리는 결코 자연과의 물질대사를 떠나서 살 수 없으며, 그러한 한에서 노동도 사라지지 않는다는 것입니다.

° **인간의 노동은 무엇이 특수한가**

물론 인간뿐 아니라 지구상의 모든 생명체가 자연과 물질대사를 하며 살아갑니다. 인간이 숲에서 나무를 베어 집을 짓듯이, 열대지방의 흰개미는 인간도 놀랄 만큼 내부 온도를 거의 일정하게 유지하는 공기조절장치까지 갖춘 개미집을 짓습니다.

하지만 마르크스는 인간과 다른 생물들 사이에는 결정적 차이가 있다고 말합니다. 인간만이 명확한 목적을 갖고 의식적인

Erstes Buch.

Der Produktionsprozess des Kapitals.

Erstes Kapitel.

Waare und Geld.

1) Die Waare.

Der Reichthum der Gesellschaften, in welchen kapitalistische Produktionsweise herrscht, erscheint als eine „ungeheure Waarensammlung"[1], die einzelne Waare als seine Elementarform. Unsere Untersuchung beginnt daher mit der Analyse der Waare.

Die Waare ist zunächst ein äusserer Gegenstand, ein Ding, das durch seine Eigenschaften menschliche Bedürfnisse irgend einer Art befriedigt. Die Natur dieser Bedürfnisse, ob sie z. B. dem Magen oder der Phantasie entspringen, ändert nichts an der Sache[2]. Es handelt sich hier auch nicht darum, wie die Sache das menschliche Bedürfniss befriedigt, ob unmittelbar als Lebensmittel, d. h. als Gegenstand des Genusses, oder auf einem Umweg, als Produktionsmittel.

Jedes nützliche Ding, wie Eisen, Papier u. s. w., ist unter doppeltem

---

[1] Karl Marx: „Zur Kritik der Politischen Oekonomie. Berlin 1859", p. 4.

[2] „Desire implies want; it is the appetite of the mind, and as natural as hunger to the body . . . . the greatest number (of things) have their value from supplying the wants of the mind." Nicholas Barbon: „A Discourse on coining the new money lighter, in answer to Mr. Locke's Considerations etc. London 1696", p. 2, 3.

『자본론』제1권 초판 1장 「상품」의 첫 페이지
(오사카공립대학 스기모토도서관 소장 도서에서 발췌).

'노동'으로 자연과 물질대사를 한다는 차이입니다.

인간은 단순히 본능에 따라 자연과 관계 맺는 것이 아닙니다. 본능적 욕구를 충족하려는 노력은 다른 동물들도 합니다. 열대 아메리카에 사는 가위개미는 그 이름에서 알 수 있듯이 나뭇잎을 잘라 둥지로 가져가 균을 심어 버섯을 재배합니다. 침팬지처럼 도구를 사용할 수 있는 동물도 있습니다.

그런데 인간은 따뜻해지려면 따뜻한 옷을 만드는 것으로 충분하지만, '더 예쁜 옷'을 만들기 위해 염료로 옷을 염색합니다. 토기처럼 음식을 담을 그릇이 있으면 충분할 것 같지만, 제사나 예술 등 본능적인 욕구 충족 이외의 목적을 위해 인형을 만들기도 합니다.

인간만이 다른 생물보다 훨씬 다양하고 역동적인 '자연에 대한 작용'을 할 수 있습니다. 이는 문화와 기술 발전의 역사를 보면 알 수 있습니다.

이때 또 하나 중요한 것이 있습니다. 인간과 자연의 물질대사는 순환적이며, 일방통행으로 끝나지 않는다는 것입니다. 자연으로 돌아가지 않는 쓰레기를 대량으로 배출하면, 미세플라스틱을 먹은 물고기가 우리 식탁으로 돌아옵니다. 또 화석연료의 대량소비로 인한 이산화탄소 배출은 기후변화를 일으켜 우리 문명을 위협하고 있습니다.

요컨대 우리의 삶과 사회, 그리고 그것을 둘러싼 자연환경의 모습은 우리가 자연에 어떻게 작용하느냐에 따라 결정됩니다.

이 작용 방식을 크게 잘못하면 사회와 자연은 황폐해집니다. 그래서 노동은 인간의 자유와 번영을 위해 매우 중요한 활동인 것입니다.

이상에서 알 수 있듯이 마르크스가 '노동'이라는 개념에 주목한 것은 노동자계급의 착취를 백일하에 드러내고자 하는 정치적 의도가 있어서가 아니라, 물질대사라는 인간과 자연의 **본원적 관계**를 중시했기 때문입니다.

하지만 이 사실을 막연하게만 파악한다면 어느 시대든 인간은 자연과 물질대사를 해 왔다고 말할 수 있습니다. 하지만 그 구체적 모습은 시대와 지역마다 크게 다르죠. 그리고 바로 이 점이 중요합니다.

즉, 마르크스는 인간의 의식적이고 합목적적인 활동인 '노동'이 자본주의에서 어떻게 수행되는지를 고찰함으로써 인간과 자연의 관계에 결정적 변화가 있음을 밝히고, 거기서 자본주의의 특수성에 접근한 것입니다.

° 『자본론』은 '부'에서 시작된다

그럼 이제 이 점을 염두에 두고, 『자본론』을 읽기 시작해 보죠.

자본주의적 생산양식이 지배하는 사회의 부는 '상품의 거대한

집적'으로 나타나고, 개별 상품은 그 부의 기본 형태로 나타난다.
따라서 우리의 고찰은 상품의 분석에서 시작한다. (49/43)

이것이 제1권 1장 '상품'의 첫머리를 장식하는 유명한 구절입니다.

요컨대 '상품'의 분석에서 시작한다고 선언하는데, 좀 더 주의 깊게 읽어 봅시다. 잘 읽어 보면 이 문장의 주어는 '상품'이 아니라 '부'라는 것을 알 수 있지 않나요? 네!『자본론』의 **분석**은 '상품'에서 시작하지만『자본론』**자체**는 '부'로 시작합니다.

'자본주의적 생산양식이 지배하는 사회', 즉 자본주의사회의 '부'는 '상품'의 형태로 '나타난다'고 마르크스는 말하고 있습니다. 앞서 말했듯이 마르크스는 자본주의가 왜 특수한지에 대해, 자본주의가 아닌 사회와의 차이를 '노동'을 기준으로 밝히려고 했습니다.

자본주의사회에서 노동은 '상품'을 생산합니다. 실제로 이 세상에는 우리가 만들어 낸 상품이 넘쳐 나지요. 하지만 뒤집어 말하면, 자본주의가 아닌 사회에서 노동이 만들어 낸 부는 반드시 상품으로 나타나지는 않는다는 것입니다. 그래서 자본주의를 이해하려면 상품과 그것을 생산하는 노동에 대한 분석이 중요합니다.

° 부란 무엇인가

그렇다면 애초에 '부'란 무엇일까요? '부'를 나타내는 영어는 일반적으로 웰스(wealth)입니다. 이것은 화폐나 유가증권, 부동산 등 화폐로 측정할 수 있는 재물, 금액으로 표현할 수 있는 재물을 떠올리게 하는 말이지요. 하지만 그렇게 되면 부와 상품의 구분이 모호해집니다. 사실 부는 바로 상품이라는 고정관념이 우리에게는 이미 몸에 배어 있습니다.

이를 풀어내어 사고의 폭과 세상을 보는 시각을 넓히려는 것이 『자본론』의 부제이기도 한 마르크스의 '정치경제학 비판'이라는 프로젝트입니다. 이 책을 다 읽고 나면 '부'라는 단어에서 떠오르는 이미지가 크게 달라질 것입니다.

그래서 조금 다르게 접근해 보겠습니다. 독일어로 '부'는 '라이히툼(Reichtum)'이라고 합니다. 형용사 라이히(reich)는 영어로 리치(rich), 일본에서도 가타카나로 '릿치(リッチ)' 등으로 사용하죠. 이 말에는 좁은 의미로는 '부유한 사람'처럼 부자의 이미지가 있지만, 맛이나 향이 '리치'하다고 하듯이 무언가 '풍요롭다, 윤택하다(abundant)'라는 의미도 있습니다. 이는 돈으로 표현할 수 없는 것입니다.

이 용법에 따르면, 예를 들어 깨끗한 공기나 윤택한 물, 즉 자연의 풍요도 사회의 '부'라는 뜻이 됩니다. 푸른 숲, 누구나 맘껏 쉴 수 있는 공원, 지역 도서관이나 공민관(公民館)* 등이 많이 있는 것도 사회에 중요한 '부' '재산'일 테지요. 지식이나 문화·예술도 그렇고, 커뮤니케이션 능력이나 장인의 기능도 그렇습니다. 화폐로 측정할 수는 없지만, 한 사람 한 사람이 풍요롭게 살아가는 데 필요한 것이 풍부한 상태, 그것이 바로 사회의 '부'입니다.

° '상품'의 정체

'부'를 창출하고 유지, 발전시키는 것이 '노동'입니다(수리, 유지보수 역시 노동의 본질적인 역할입니다). 인간은 남들과 협력하고 자연에 작용함으로써 자신의 능력을 발전시키고 자연을 자신의 욕망에 맞게 변형해 부를 풍요롭게 만들어 왔습니다. 그러나 마르크스는 이러한 사회의 '부'가 자본주의사회에서는 '상품'으로 변질된다고 말합니다.

이는 지금도 우리 주변에서 일어나는 일입니다. 예를 들어, 도심의 공원을 개간해 고층아파트와 쇼핑몰을 짓고, 숲을 깎아 골프장을 만들고, 태양광 패널을 수없이 깔아 놓은 메가 솔라**

---

* 공민관: 일본에서 지역 주민을 위해 실제 생활과 관련된 교육, 학술, 문화에 관한 각종 사업을 수행하는 교육기관을 가리킨다.—옮긴이

** 메가 솔라(mega solar): 출력이 1MW 이상인 대규모 태양광발전 시설을 가리킨다.—옮긴이

chapter 1 _____

를 짓는 것 말입니다.

　가장 이해하기 쉬운 예가 '물'일 것입니다. 필자가 어렸을 때 식수는 '상품'이 아니라 수도에서 공짜로 마실 수 있는 것이었습니다. 페트병에 담긴 물이 '생수'라는 '상품'으로 정착된 지는 지난 30년 전부터입니다.

　그러다 보니 수돗물의 본질은 별반 달라지지 않았는데, 수돗물을 마시지 않는 사람들이 생겨났습니다. 원래 아무렇지 않게 마시던 물을 일부러 돈을 주고 마시게 되었습니다. 우리의 감성과 욕구가 상품 중심 사회 속에서 변한 것입니다. 그 결과 기업은 돈을 버는 반면, 우리 지갑의 부담은 점점 커지고 있습니다.

　이렇게 모든 것을 '상품'으로 만들려고 하는 것이 자본주의의 큰 특징 중 하나입니다. 우리는 이 사실에 너무 익숙해져서 어쩌면 당연하게 여길 수도 있습니다. 하지만 그것이 당연하지 않으며, 풍요의 전제가 아님을 깨닫도록 마르크스는 『자본론』 첫머리에서부터 호소하는 것입니다.

　참고로 물의 예에서도 알 수 있듯이 사회의 부가 '상품의 거대한 집적'으로 나타나 자본주의다운 사회가 성립한 것은 비교적 최근의 일입니다. 미국 도시에서도 제2차세계대전 이전에는 다들 집집마다 텃밭에서 다양한 채소를 키우며 자급자족하고 이웃에게 나눠 주며 살았다고 합니다. 자본주의사회라는 체제가 오래전부터 있어 왔던 당연한 제도인 듯하지만, 역사를 돌이켜 보면 의외로 그렇지 않습니다.

물론 자본주의 이전 사회에도 상품은 있었습니다. 하지만 대부분은 교역품이나 사치품이었고, 일상생활에 필요한 물건은 기본적으로 스스로 만들거나 함께 모아서 나눠 쓰며 살았습니다. 돈을 주고 사는 상품의 영역은 한정되었고, 사회의 부가 '상품의 거대한 집적'으로 나타나지는 않았습니다.

그런데 지금은 어떤가요? 생활에 필요한 거의 모든 것이 상품이 되었고, 상품에 의존하지 않고 살기란 더 이상 불가능하다고 해도 과언이 아닙니다.

그 대신 시중에는 매력적인 상품이 넘쳐 납니다. 돈만 내면 언제 어디서든 무엇이든 구할 수 있게 되면서 우리의 삶은 '풍요로워진' 것처럼 보이기도 합니다. 하지만 바로 이 상품화 때문에 사회의 풍요가 사라지고 오히려 '가난해지고 있다'는 것을 마르크스는 일관되게 문제 삼고 있습니다.

무슨 말일까요? 언뜻 보기에 역설적인 이 사태를 좀 더 자세히 살펴보겠습니다.

° 자본이 숲을 울타리 치다

마르크스는 독일 예나대학교에서 박사학위를 받은 뒤 지역 신문인 《라인신문》*에서 편집자로 일하기 시작했고, 그곳에서 본격적으로 사회문제를 고발하는 일을 했습니다. 특히 1842년,

이 신문의 편집장으로 취임한 뒤에는 목재 절도에 대한 기사를 여러 차례 썼습니다.

당시 독일의 가난한 사람들은 밥을 짓거나 겨울을 나기 위해 근처 숲에서 나뭇가지를 주워 갔습니다. 나뭇가지는 생활에 없어서는 안 될 모두의 '부'였던 것입니다. 그런데 이런 행위를 '도둑질'로 규정하는 법이 만들어지면서 나뭇가지를 줍던 사람들이 기마경찰에게 습격당하는 사건이 발생했습니다.

영화 〈청년 마르크스〉(2017)의 첫 장면에서도 인상적으로 그려지는데, 땅에 떨어진 나뭇가지조차 지주는 사유재산으로 묶어 놓고 '장작이 필요하면 돈을 주고 사라'며 농부들에게 가차 없이 폭력을 휘둘렀습니다. 그때까지만 해도 생활에 필요한 나뭇가지는 누구나 주워다 쓸 수 있었는데, 자본주의에 의한 사물화(私物化), 상품화가 저 지경까지 왔다는 것은 마르크스에게 큰 충격을 주었습니다. 그런 '상품'의 논리가 지배하는 사회를 통렬하게 비판한 마르크스는 당국의 눈에 띄었고 《라인신문》도 폐간되었습니다. 결국 마르크스 가족은 파리로 이주했습니다.

* 《라인신문》: 1842년 1월부터 1843년 3월까지 독일(당시 프로이센왕국) 쾰른에서 발행된 신문. 모제스 헤스(Moses Hess)를 비롯한 청년헤겔학파(헤겔 좌파. 마르크스도 그 일원)의 급진적 지식인이 유복한 자유주의적 자본가들을 설득해서 창간했다. 1842년 10월 마르크스가 편집장으로 취임한 이후 발행부수가 네 배 가까이 늘어났지만, 프로이센 당국이 주 의회와 국가를 비판하는 논조를 용납하지 않아 1843년 3월 말 폐간되었다.

마르크스가 집필한 기사인 '목재 절도 단속법에 관한 토론'이
처음 실린 《라인신문》 298호(1842년 10월 25일 자).

이 사건에서 알 수 있듯이, 사회의 '부'가 '상품'으로 변한다는 것은 쉽게 말해 가격표가 붙은 '매물(賣物)'이 된다는 뜻입니다.

과거에는 누구나 접근할 수 있는 '코먼(common, 모두의 공유재산)'이던 '부'가 자본에 의해 독점되어 화폐를 이용한 교환의 대상, 즉 '상품'이 된 것입니다. 예를 들어, 음료 제조업체가 미네랄이 풍부한 물이 솟아나는 지역 일대의 땅을 사들이고, 그 물을 페트병에 담아 '상품'으로 팔아 치웁니다. 그동안 지역 주민들이 공동으로 이용하던 수원지는 출입이 금지되고, 물을 마시려면 슈퍼나 편의점에서 살 수밖에 없게 됩니다. 이것이 상품화입니다.

물론 돈만 있으면 무엇이든 살 수 있지만, 돈이 없는 사람은 아무리 생활에 필요한 것이라도 더 이상 구할 수 없게 됩니다. 미국의 의료를 생각해 보세요. 세계 최고의 경제대국인 미국에는 당연히 의사, 병원, 의약품 등 의료 자원이 충분합니다. 그런데도 돈이 없는 사람들은 의료비가 너무 비싸서 병원에 갈 수 없습니다. 의료가 '희소성'이 있는 물건이 되었습니다. 그래서 보험업과 제약회사가 돈을 버는 것입니다.

반면 미국인의 평균수명은 코스타리카 사람보다 짧습니다. 자본주의는 인위적으로 '희소성'을 만들어 사람들의 삶을 가난하게 만드는 시스템이라고 할 수 있습니다.

하지만 도대체 왜 자본주의는 이렇게 불합리한 짓을 할까요?

° 인간과 자연의 관계가 바뀐다

　한때 '코먼'이던 숲과 물은 **누구나 접근할 수 있다**는 의미에서 '윤택한' '부'였습니다. 하지만 이는 자본주의에 매우 불리한 조건입니다. 돈을 주고 사지 않아도 생활에 필요한 것을 얻을 수 있다면, 상품을 만들어도 전혀 팔리지 않기 때문입니다. 그래서 '코먼'을 해체하고 독점하거나 심지어 파괴까지 해서 사야만 하는 물건, 즉 '상품'으로 만들려는 것입니다.

　하지만 사람들을 내쫓고 숲을 독점한다 해도 그곳에 자라는 나무를 벌목하고 제재(製材)하지 않으면 '상품'이 될 수 없습니다. '상품'이 되기 위해서는 '노동'이 필요합니다. 이 노동을 담당하는 것이 숲에서 쫓겨나 장작을 사려면 돈이 필요한 사람들입니다. '코먼'의 울타리 치기는 이중적 의미에서 자본에 유리했습니다.

　역사적으로 15~17세기 영국에서는 지주나 영주가 농지에 불법적으로 울타리를 치고 농민들을 쫓아내어 농산물보다 돈이 되는 양의 방목지로 전환하는 일이 성행했습니다. 이른바 '인클로저(enclosure, 울타리 치기)'입니다. 토지를 빼앗긴 농민들은 대부분 부랑자가 되어 전국을 떠돌아다닐 수밖에 없었고, 궁핍한 농민들의 반란이 곳곳에서 빈번하게 일어났습니다.

　마르크스가 살던 시대에도 영국에서는 지주층이 의회 입법을 통해 합법적으로 토지에 울타리를 치는 '2차 인클로저'가 있었습니다. 농지에서 쫓겨나 살 곳도, 생계 수단도 잃은 사람들은 일자리를 찾아 도시로 몰려들어 공장 노동의 담당자가 되었습니다. 이른바 프롤레타리아트(무산계급)는 이렇게 형성되었습니다.

그렇다고 해서 토지에서 쫓겨난 농민들이 갑자기 진정한 '임금노동자'가 되지는 않았습니다. 처음에는 부랑자나 범죄자가 되어 도시의 치안을 악화시켰습니다. 그래서 국가와 경찰 권력이 개입해 부랑자와 산적을 체포하고 구빈원에서 강제 노동을 시켜 말을 잘 듣도록 규율하고 훈련했습니다. 폭력적인 역사적 과정의 결과로서 현대의 우리와 같은 근면한 노동자가 탄생한 것입니다.

한편, 농촌에 남아 있던 사람들도 농작물을 '상품'으로 생산하는 대규모 농업 경영체에서 농업에 종사하는 임금노동자로 바뀌었습니다. 이리하여 시장은 사회 전체로, 점점 더 확대되었습니다.

농촌 주민의 일부 수탈과 추방은 노동자와 그들의 생활수단 및 노동 재료를 산업자본을 위해 유리시킬 뿐 아니라 국내시장도 창출한다. (775/1024)

'상품' 생산의 담당자는 자신의 노동력을 제공했을 뿐 아니라 '상품'의 구매자가 되어 자본가에게 시장을 제공했습니다. 이렇게 시장경제가 돌아가기 시작하면서 자본가와 지주는 점점 더 풍요로워졌고, 자본주의는 발전해 갔습니다.

마르크스는 이 폭력적 과정을 '본원적축적'이라 부르고, '코먼'을 해체하고 사람들을 임금노동으로 내모는 자본주의의 고유한 수탈 행위라고 지적했습니다. 여기서 핵심은 사람들이 자연이라는 부에서 분리되어 삶이 불안정해지고 가난해진다는 것입니다.

이 장의 첫머리에 언급한 물질대사에 대한 논의를 떠올려 봅시다. 물질대사라는 관점에서 보면, 부가 상품이 되고 자본주의가 발전하면서 인간과 자연의 물질대사가 그전과는 전혀 다른 형태로 전개될 수 있게 되었다는 것입니다.

지금까지 농지를 관리하던 농업노동자들이 쫓겨나고, 그들의 생활은 가난해지고, 농지는 황폐해졌습니다. 또 자연의 부는 상품 거래의 대상이 되어 돈벌이를 위해 철저하게 수탈당하게 되었습니다.

° 눈앞의 돈벌이를 멈출 수 없다

자본주의사회와 자본주의가 아닌 사회의 차이점을 좀 더 자세히 알아보겠습니다.

차이점 중 하나로서 자본주의에서는 모든 것이 상품화되어 사회의 '부'가 '상품'으로 변모하는 것을 지금까지 살펴보았습니다.

하지만 이는 서두에서 인용했듯이 '현상' 차원에 머물러 있습니다. 우리는 여기서 한 걸음 더 나아가 생각할 필요가 있습니다. 이를 위해서는 상품을 만들어 내는 '노동'이 어떤 것인지 분석해야 합니다.

마르크스에 따르면 '상품생산이 전면화된 사회', 즉 모든 것이 상품화되는 자본주의사회에서는 물건을 만드는 목적, 즉 노동의 목적이 다른 사회와 크게 다릅니다.

예로부터 인간은 노동을 통해 다양한 물건을 만들어 왔지만, 자본주의 이전의 노동은 기본적으로 '인간의 욕구 충족'을 위한 노동이었다고 마르크스는 말했습니다. 예를 들어, 식욕을 충족하기 위해 땅을 경작해 곡물이나 채소를 기릅니다. 또는 비바람과 추위로부터 자신을 보호하기 위해 튼튼하고 따뜻한 옷을 만듭니다. 자신을 아름답게 보이려는 욕망을 충족하기 위해 장식품을 제작하고, 권력을 과시하기 위해 신전을 짓고, 영토를 더 넓히려는 왕의 욕심을 채우기 위해 전쟁을 벌이는 것 역시 규모는 다르지만 기본적인 목적은 같습니다. 모두 '먹을 것' '의복' '광대한 토지' 등 특정 사물과 연관된 욕망입니다.

이러한 구체적 욕구를 충족하기 위해 인간은 노동을 하거나 타인을 노동하게 해 왔지만, 이러한 생산 활동에는 일정한 한계가 있습니다. 아무리 많이 먹고 싶어도 먹을 수 있는 양에는 한계가 있습니다. 음식은 너무 많이 만들면 썩어 버리고, 아무리 탐욕스러운 왕이라도 거대한 궁전을 100채, 200채씩이나 갖고 싶지는 않을 것입니다.

반면 자본주의사회에 살고 있는 우리는 돈을 좋아합니다. 화폐는 언제든 원하는 때에 원하는 물건으로 교환할 수 있어 매우 편리하기 때문입니다. 게다가 화폐는 썩지 않고, 주식에 투자하면 더 늘어납니다. 여기서 무한히 부를 축적하려는 욕망이 생겨납니다. 이것이 자본주의 발전의 원동력이 됩니다.

화폐에는 '무엇이든 살 수 있다'는 특별한 힘이 있기 때문에 돈을 많이 가진 사람들은 점점 더 유리해집니다. 큰 자산을 주식으로 운용하면 큰돈을 벌 수 있고, 경쟁자가 될 것 같은 회사는 작을 때 사 두면 됩니다. 기부금을 많이 내면 정치인들도 내 말을 들어주고 나에게 유리한 세제나 법을 만들어 줄 수도 있습니다.

그 결과 일부 사람이 부를 독점하게 되고, 심각한 불평등이 생겨나게 됩니다. 국제 NGO 옥스팸에 따르면, 세계 부호 상위 26명의 자산 총액은 지구 인구의 절반에 해당하는 약 38억 명의 자산과 맞먹는다고 합니다.

남북문제 때문일까요? 아니, 그 때문만은 아닙니다. 미국 한 나라만 보더라도 상위 50명의 자산이 2조 달러로, 하위 50퍼센트인 1억 6500만 명의 자산과 맞먹는다고 합니다. 테슬라의 창업자 일론 머스크(Elon Musk, 1971~)는 세계 최고의 부자로 자산이

2000억 달러가 넘습니다.

머스크뿐만이 아닙니다. 마이크로소프트의 창업자 빌 게이츠(Bill Gates, 1955~), 아마존의 제프 베이조스(Jeff Bezos, 1964~), 페이스북(현재 메타)의 마크 저커버그(Mark Zuckerberg, 1984~) 등은 살아생전 다 쓸 수 없는 자산을 가지고 있으면서 더 큰 부자가 되려고 합니다. 개인 제트기, 저택, 요트를 사도 돈을 다 쓸 수 없으니 이번에는 우주로 가기 위해 모두 돈을 낭비하고 있습니다.

반면 서민들은 장시간 노동, 불안정 고용, 저임금 등을 강요당하며 점점 가난해져만 갑니다. 열심히 일해도 저축도 할 수 없고 아이도 낳을 수 없습니다. 교육비, 집세, 의료비가 비싸서 생활이 불안한 사람이 적지 않습니다. 이것이 트럼프 현상을 불러일으킨 미국 분열의 원인 중 하나임에 틀림없습니다.

왜 이런 상황이 벌어지는가 하면, 자본주의사회에서는 '인간의 욕구를 만족시키는 것'보다 '자본을 늘리는 것' 자체가 목적이 되어 버렸기 때문입니다. 그 메커니즘에 대해서는 다음 장에서 자세히 살펴보겠지만, 자본주의는 이윤추구를 멈출 수 없습니다. 설령 그것이 서점을 없애는 등 사회의 '부'에 파괴적인 결과를 가져오는 결과를 낳는다 해도 눈앞의 돈벌이를 멈출 수 없는 것이 자본주의입니다.

° 필요한 것보다 '팔릴 것 같은' 것들

　생산 활동의 주요 목적이 '인간의 욕구 충족'에서 '자본을 늘리는 것'으로 바뀌면 당연히 생산방식도, 생산되는 물건도 달라집니다.

　자본주의사회에서 생산되는 '상품'은 사람들의 삶에 정말 필요한지, 정말 중요한지보다 얼마나 비싸고, 얼마나 팔리겠는지, 다시 말해 얼마나 자본을 늘리는 데 기여하는지가 더 중요해집니다.

　유행이 시작되면 타피오카 음료 가게나 고급 빵집들이 우후죽순처럼 생겨났다가 순식간에 사라지는 현상이 그 대표적인 예입니다. 코로나 사태로 부족해진 마스크와 소독액 역시 한 가지 예입니다. 전염병 유행에 대비한 비축의 필요성을 전문가들이 지적했는데도, 자본은 그런 '쓸데없는'(자본을 늘리는 데 기여하지 않는) 상품을 만들어 내지 않았습니다.

　개별 제조업체를 비난하는 것이 아닙니다. 이것이 자본주의입니다. 기업 입장에서는 평상시에 수요가 제한적이던 마스크보다 더 '팔리는' 상품을 만들어야 했습니다. 그런데 일단 마스크가 팔리기 시작하자 스포츠용품 업체, 패션업체 등 다른 업종의 기업들도 속속 뛰어들어 마스크 시장은 포화 상태에 이르렀습니다. 이제는 남는 게 많아져 헐값에 팔려 나갑니다. 어쨌든 '돈이 될 것 같은' 물건을 생산하는 것이 자본주의의 기본이기에, 이 또한 당연한 결과라고 할 수 있습니다.

하지만 '돈이 되는 물건'과 '필요한 물건'이 반드시 일치하지는 않습니다. 이 점에 대해 마르크스는 '상품'에는 두 가지 얼굴이 있다고 지적합니다.

하나는 '사용가치'라는 얼굴입니다. '사용가치'란 인간에게 도움이 되는 것(유용성), 즉 인간의 다양한 욕구를 충족하는 힘입니다. 물에는 갈증을 해소하는 힘이 있고, 식료품에는 굶주린 배를 채우는 힘이 있습니다. 마스크에도 감염병의 확산을 막는 '사용가치'가 있습니다. 생활에 필요한 '사용가치'가 바로 자본주의 이전 사회에서 생산의 목적이었습니다.

하지만 자본주의에서 중요한 것은 상품의 또 다른 얼굴인 '가치'입니다.

'상품'이 되려면 시장에서 화폐로 교환되어야 합니다. 교환되지 않는 의자는 앉을 수 있는 '사용가치'만을 가진 단순한 의자에 불과합니다. 반면, '상품'으로서의 의자는 시장에서 1만 엔이라는 가격표를 달고 달걀 500개나 침대 시트 두 장 등 다른 물건과 같은 가격으로 교환됩니다. 왜 그럴까요?

의자와 달걀, 침대 시트의 '사용가치'는 전혀 다릅니다. 달걀과 의자 중 어느 것이 더 유용할까요? 배가 고프면 달걀이, 일을 해야 할 때에는 의자가 더 유용할 것입니다. '어느 쪽이 더 유용한가'라는 관점에서 사용가치를 비교해도 왜 둘 다 1만 엔인지 도무지 이해되지 않습니다. 유용성만으로는 왜 그것이 5천 엔이 아니라 1만 엔인지 알 수 없습니다.

의자 한 개, 달걀 500개, 침대 시트 두 장은 모두 같은 '가치'를 가지고, 그것이 1만 엔으로 표현됩니다. 마르크스에 따르면 이 '가치'는 그 상품을 생산하는 데 얼마나 많은 노동시간이 필요했는지에 따라 결정됩니다. 즉, 의자 한 개, 달걀 500개, 침대 시트 두 장에 같은 양의 노동시간이 투입되었기 때문에 모두 같은 가치를 가진 것으로서 1만 엔으로 교환된다는 것, 이것이 바로 '노동가치설'입니다.

일본어에서는 '이 의자는 할아버지가 소중히 여기던, 우리 집의 가치 있는 의자'와 같이 추억이나 애착 등 개인에게 중요한 것도 '가치'라는 말로 표현하지만, 마르크스의 용어와는 다르므로 『자본론』을 읽을 때에는 주의해야 합니다.

'가치'와 '사용가치'도 단어가 비슷해서 헷갈릴 수 있습니다. 하지만 이들이 전혀 다르다는 것은 공기처럼 그것이 없으면 인간이 살 수 없는 사용가치가 큰 것이 공짜인 반면, 다이아몬드처럼 사용가치가 작은 것이 매우 고가라는 점에서 알 수 있습니다. 공기는 인간의 노동 없이 존재하기 때문에 '가치'가 없습니다. 반면 다이아몬드 채굴에는 많은 노동력이 투입되기 때문에 '가치'가 커지게 됩니다. '사용가치'의 효용은 실제로 그것을 사용함으로써 체감할 수 있지만, '가치'는 인간의 오감으로는 파악할 수 없습니다. 마르크스도 "유령 같은"(52/47) 성질이라고 말했습니다. 일상에서는 상품에 '가격표'를 붙여서 겨우 그 윤곽을 파악할 수 있지만, 눈에 보이지 않는 신비한 힘이 우리 주위에서 흔히 볼 수 있는 상품에 숨어 있습니다. 그리고 이 가치라는 신비한 힘은 시장의 확대와 함께 사회에 큰 힘을 발휘하게 됩니다.

° 물건에 이용당하고 휘둘리는 인간

'상품'이 가진 두 얼굴을 구분하면 자본주의가 다양한 모순과 불합리를 만들어 내는 메커니즘을 깔끔하게 설명할 수 있습니다.

자본주의에서는 얼마에 팔릴지, 얼마나 돈을 벌 수 있을지가 중요합니다. 즉, 가격이라는 형태로 나타나는 '가치'의 측면만 우선시되고, 정작 중요한 '사용가치'는 부차적인 것이 됩니다. 예를 들어, 지구와 지갑을 생각한다면, 친환경소재를 사용해 오래 사용할 수 있는 제품을 만들어야 합니다. 하지만 실제로 우리 옷장에는 패스트패션처럼 환경부하를 무시한 채 저가만을 추구한 옷들이 넘쳐 납니다. 여기서 '돈 되는 물건'(가치 측면)과 '필요한 물건'(사용가치 측면)이 괴리되어 있습니다.

'가치'에 휘둘리는 것은 소비자만이 아닙니다. 자본 측에서 '팔리겠다'고 생각해서 만들어도, 히트 치지 않으면 재고가 쌓여 기업이 도산할 수 있습니다. 설령 나름대로 히트 쳤다고 해도 타피오카나 고급 식빵처럼 후발 주자가 많이 생겨서 공급과 잉이 되면 역시 팔리지 않아 경영난에 빠질 수 있습니다.

이런 상황을 앞두고 마르크스는 다음과 같이 말했습니다.

가치의 크기는 교환자들의 의지, 예견, 행위와 무관하게 끊임없이 변동한다. 교환자 자신의 사회적 운동이 그들에겐 사물들의 운동이라는 형태를 띠고, 그들은 이 운동을 제어하는 것이 아니라 오히려 이 운동에 의해 제어된다. (89/97)

마르크스가 지적했듯이 '가치'는 우리의 사고(思考)와는 무관하게 마치 날씨처럼 끊임없이, 그리고 갑자기 변동합니다. 그 결과, 인간이 사용하려고 인간이 만든 물건인데, '가치'라는 마력의 예측 불가능한 변동에 의해 인간이 휘둘려 버리는 것입니다.

'사용가치'를 위해 물건을 만들던 시대는 말 그대로 인간이 '물건을 사용하던' 시대였지만, '가치'를 위해 물건을 만드는 자본주의에서는 입장이 역전되어 인간이 물건에 휘둘리고 지배당합니다. 이 현상을 마르크스는 '물상화(物象化)'라고 불렀습니다. 인간이 노동해서 만든 물건이 '상품'이 되는 순간, 신비한 힘으로 인간의 삶과 행동을 지배하게 된다는 것입니다.

왜 이런 기이한 일이 벌어지는가 하면, 사람들은 서로가 만든 물건에 의존하고 있는데도 사회 전체적으로는 아무도 생산을 조정하지 않기 때문입니다. 모두가 제각각 노동하기 때문에 자신이 만든 것이 완전히 쓸모없는 것이 되기도 하고, 반대로 모두가 필요로 하는데도 매우 부족하게 되기도 합니다.

결국 자신이 만든 상품을 시장에 가져가서 다른 사람들이 어떻게 평가하는지를 보면서 무엇을 얼마나 만들지 사후적으로 결정해야 합니다. 그 결과 인간의 생산 활동은 가치의 변동에 따라 휘둘리게 됩니다.

° 춤추는 탁자?

물상화의 기이함에 대해 마르크스는 다음과 같이 말했습니다.

예를 들어, 나무로 탁자를 만들면 나무의 형태가 바뀔 수 있다. 하지만 탁자는 여전히 나무이고, 평범한 감성적 사물이다. 그러나 탁자가 상품으로 등장하자마자 그것은 초감성적인 물건으로 전환된다. 탁자는 그 다리로 바닥에 설 뿐 아니라 다른 모든 상품에 대해 거꾸로 서기도 하며, 탁자가 스스로 춤추기 시작한다고 말하는 것보다 훨씬 더 기묘한 망상을 그 나무의 머리에서 빚어낸다. (85 / 92)

독특한 레토릭이지만, 어려운 말을 하는 것은 아닙니다. 예를 들어, 나무 탁자를 직접 만들었다고 가정해 봅시다. 노동을 거쳐 나무는 탁자라는 형태로 변신하지만, 나무였을 때나 탁자가 된 지금도 보고, 만지고, 냄새를 맡는 등 '감성'적으로 파악할 수 있습니다. 나무에서 탁자로 변신했다고 해도, 스스로 사용한다면 거기에서 식사를 하고, 책을 읽고, 꽃으로 장식하는 '사용가치'만 있는 평범한 탁자에 불과합니다.

하지만 그것을 '상품'으로서 누구에게 팔려고 하는 순간, 탁자는 '감성적인 것에서 초감성적인', 즉 인간의 감성만으로는 파악할 수 없는 '가치'를 가진 물건으로 변합니다. 상품이 된 탁자는 시장에서 다른 상품들과 흥정을 시작하기는커녕 원하든 원하지 않든 인간을 춤에 끌어들여 미치게 하는 것입니다.

자본주의사회에 사는 한 우리는 탁자의 이상한 춤을 따라갈 수밖에 없습니다. 탁자가 팔리지 않으면, 심하면 파산, 부도, 실직, 때로는 자살로 내몰릴 수도 있기 때문입니다. 반대로 이 탁자가 대박이 나면 큰 부자가 될 수도 있습니다.

그래서 인간은 팔릴 것 같은 '상품'을 끊임없이 만들어 냅니다. 실제로는 금방 쓰레기가 되는, 별로 쓸모없어 보이는 물건도 팔릴 것 같으면 어쨌든 많이 만듭니다.

이는 100엔 숍에 가 보면 알 수 있습니다. 그곳에서 팔리는 물건은 대부분 별 볼 일 없는 플라스틱 제품입니다. 그것이 매력적인 상품명과 예쁜 포장과 디자인에 의해 '춤추기 시작합니다'. 그래서 사용가치를 무시한 조잡한 상품이 넘쳐 나고 쓰레기가 늘어납니다.

그와 동시에 광고업과 마케팅의 일이 늘어납니다. 왜 그런가 하면, 소비자들도 바보가 아니어서 자신이 쓰레기를 샀다는 것을 금세 알아차리기 때문입니다. 그러면 상품의 마법이 풀려서 싫증이 납니다. 그래서 계속해서 제품을 바꾸고, 새로운 쓰레기를 매력적인 상품으로 만들어 판매해야 하는 것입니다.

우리 사회가 얼마나 물신화되었는지를 상징적으로 보여 주는 또 하나의 예를 들어 봅시다. 정부가 신종 코로나바이러스 대책으로 내놓은 'Go To 캠페인'*이 바로 그것입니다.

물론 지금 우리 사회에서 금전 거래가 수반되는 생산과 소비를 중단하는 것이 경우에 따라서는 팬데믹보다 더 비참한 상황을 초래할 수도 있습니다. 하지만 여행이나 외식 등 감염이 확산될 위험이 있는 활동을 일부러 적극 지원해서 경제를 '돌아가게 하겠다'고 한 것은 큰 비판을 불러일으켰습니다. 생명을 희생해서라도 경제를 '돌리겠다'는 용감한 각오는, 실제로 생명이 경제에 의해 '휘둘리고 있는' 현실을 표현하고 있습니다.

그뿐이 아닙니다. 코로나 사태 속에서 강행되어 돈 3조 엔이 쓰인, 뇌물 수수 의혹에 휩싸인 도쿄올림픽도 있습니다. 오사카

---

* Go To 캠페인: 코로나19 유행 당시 외출 자제 및 휴업 요청에 따라 특히 매출이 감소한 산업을 진흥하기 위해 2020년 7월부터 시행한 경제정책. 여행사에서 여행 상품을 구매한 사람에게 대금의 2분의 1을 보조하는 'Go To Travel', 예약 사이트에서 음식점을 예약한 사람에게 포인트를 부여하는 'Go To Eat' 등을 말한다.

에서는 만안을 리조트로 개발하여 카지노를 유치하고, 만국박람회를 개최하려 합니다. 또 산을 깎고 수원지를 위협하면서 건설하려는 리니어*도 문제시되고 있습니다.

이런 개발을 계속하면 우리 사회가 정말 풍요로워질까요? 그 수혜를 받는 것은 컨설팅, 건설사, 호텔 업체들뿐이고, 지역민들에게는 값싼 일자리가 조금 생겨나는 것 말고는 별 의미가 없을 것입니다. 시민의 이익과 자본의 이익이 이렇게 괴리된 계획을 일본 경제성장의 청사진으로 내세워 자연환경을 훼손하는 것은 어리석은 일이라고 생각합니다.

인간을 위해 경제를 돌리는 것이 아니라, 경제를 돌리는 것 자체가 자기 목적이 되어 인간은 자본주의경제라는 자동장치의 톱니바퀴로밖에 살 수 없게 되었습니다. 이것이 바로 마르크스가 지적한 물상화의 문제점입니다.

° '민영화'라는 이름의 울타리 치기

'상품'의 영역이 넓어지면 넓어질수록 물상화의 힘은 강해지고, 인간은 점점 더 물건에 휘둘리게 됩니다. 이 힘이 더욱 강화

---

* 리니어: 도쿄와 나고야 간을 40분에 주파하는 고속전철 리니어 주오 신칸센을 가리킨다.—옮긴이

되고 있는 것이 최근 수십 년의 상황입니다.

20세기 후반 고도 경제성장기가 끝나고 자본주의경제의 침체가 두드러지자 각국은 공공사업 민영화와 규제완화로 시장 자유화를 추진했습니다. 이른바 '신자유주의' 정책입니다. 모든 것을 시장에 맡기면 경쟁 원리가 작동해 효율성이 높아진다고 생각한 이가 영국의 마거릿 대처(Margaret Thatcher, 1925~2013) 전 총리였습니다. 하지만 그 후 신자유주의가 전 세계로 퍼져 나가면서 물상화의 힘을 강화한 결과, 예상하지 못한 많은 부조리와 비효율, 독점을 낳고 있습니다.

민영화라고 하면, '독재적'이고 비효율적이던 공영·국유사업이 민간의 손에 의해 '민주적'이고 효율적으로 관리·운영된다는 이미지를 가진 사람도 있을 것입니다. 하지만 이는 단어의 마술입니다. 원어인 프라이비티제이션(privatization)은 직역하면 '사유화'입니다. 프라이빗(private)의 어원은 '빼앗기다' '분리되다'라는 뜻입니다. 사람들이 공유하고 관리하던 '코먼'을 빼앗긴 상태라는 뜻이죠. 민영화의 실체는 특정 기업의 권리 독점이며, '상품'의 영역을 넓히는 현대판 '울타리 치기'입니다.

시장은 결코 '민주적'이지 않습니다. 앞서 말했듯이, 시장에 접근할 수 있는 사람은 돈을 가진 사람뿐이기 때문입니다. 민영화가 진행되면서, 공영·국유이던 시절에는 접근이 가능했던 의료나 교육 같은 공공서비스에서 많은 사람이 배제되었습니다.

또 시장에서는 '이익'이 우선하기 때문에 수익성이 없는 물건이나 서비스는 가차 없이 삭감됩니다. 예산도, 인력도 삭감됩니다. 정말 쓸모없는 것은 당연히 줄여야 하지만, '사용가치'를 무시한 효율화는 꼭 필요한 물건과 서비스까지 삭감하거나 질을 떨어뜨려 사회의 '부'를 빈약하게 합니다. 그런 지나친 효율화로 궁지에 몰린 사례 중 하나가 일본의 공공도서관입니다.

° 사회의 '부'가 위험하다!

지금 전국의 공공도서관에서 비상근직이 늘고 있습니다(표 참조). 도도부현(都道府縣) 대부분에서 도서관 근무자의 절반 이상이 비상근입니다. 나가노현에서는 비상근직이 차지하는 비율이 80퍼센트에 육박합니다. 비상근직을 늘리는 이유는 도서관 운영의 '효율화'와 '비용 절감' 때문입니다. 도서관이 수익을 내는 것은 불가능합니다. 인건비를 줄일 수밖에 없습니다. 그 피해는 고스란히 노동자에게 돌아갑니다. 최근에도 월급 9만 8000엔을 받고 일하는 지방 공립도서관의 20대 여성 비정규직 노동자의 애끓는 하소연이 SNS에서 큰 반향을 불러일으켰습니다.

지금 비상근직으로 저임금에도 도서관에서 일하는 분들은 책을 사랑하고 그 사명감 때문에 그만한 대가를 치르며 훌륭한 일을 하고 있습니다. 그렇다고 해서 이대로 만족할 수 있을까요?

이런 상황이 지속되면 도서관에서 일하고자 하는 사람이 점점 줄어들고, 서비스의 질도 떨어질 것입니다. 그 결과 귀중한 자료가 제대로 보관되지 못하거나, 이용자가 원하는 자료를 조회, 검색하여 정보를 제공하는 레퍼런스의 정확성을 유지하지 못하는 등 문제가 발생할 수 있습니다.

일본의 도서관 직원 비상근 비율

나가노	長野	79.0%	도쿄	東京	66.2%
구마모토	熊本	74.3%	시즈오카	静岡	65.7%
나가사키	長崎	74.1%	돗토리	鳥取	65.6%
히로시마	広島	74.0%	가고시마	鹿児島	64.2%
군마	群馬	73.5%	니가타	新潟	63.9%
사가	佐賀	72.8%	고치	高知	62.8%
시마네	島根	72.7%	미야자키	宮崎	62.6%
야마구치	山口	72.7%	와카야마	和歌山	62.6%
야마나시	山梨	70.4%	교토	京都	60.8%
아키타	秋田	69.8%	미에	三重	60.1%
오이타	大分	69.2%	미야기	宮城	59.3%
이와테	岩手	69.0%	도야마	富山	59.1%

오카야마	岡山	68.7%	가나가와	神奈川	59.0%
이바라키	茨城	68.2%	홋카이도	北海道	57.4%
아이치	愛知	68.1%	오사카	大阪	57.3%
오키나와	沖縄	67.9%	나라	奈良	57.0%
기후	岐阜	67.8%	이시카와	石川	56.5%
효고	兵庫	67.4%	사이타마	埼玉	55.4%
야마가타	山形	67.1%	시가	滋賀	54.9%
후쿠오카	福岡	66.7%	후쿠이	福井	49.3%
지바	千葉	66.7%	아오모리	青森	48.0%
가가와	香川	66.7%	도치기	栃木	46.9%
도쿠시마	徳島	66.5%	후쿠시마	福島	40.6%
에히메	愛媛	66.3%	전국		64.2%

비상근 직원 수/(전임 직원 수+비상근 직원 수)로 산출. 문부과학성 『사회교육조사』(2018) 및 이에 기초해 마이타 도시히코(舞田敏彦)가 작성한 자료 참조.

공공도서관이라는 공간과 그 장서는 바로 사회의 '부', 소중한 '코먼'입니다. 지식과 문화는 누구나 접근할 수 있어야 전승되고 발전합니다. 하지만 '상품'이 아니기 때문에 수익을 창출하지 못합니다. '사용가치'보다 '가치'를 우선시하는 자본주의 논리로

chapter 1 _____

도서관 운영이 '개혁'되면, 사회의 부가 줄어들게 됩니다.

'부'를 삭감해 '상품'을 늘리려는 움직임은 이뿐만이 아닙니다. 예를 들어, 국립 경기장 건설에 맞춰 조례로 규제가 완화된 신궁 외원(神宮外苑)*의 재개발은 큰 사회문제가 되었습니다. 메이지 신궁이 있는 땅에는 수령이 100년이 넘은 나무도 있습니다. 그 나무를 1000그루 가까이 베어 내고 상업 시설을 짓겠다는 것입니다. 나무가 자라는 것만으로 돈이 되지 않는다면, 나무를 베어 내고 그곳에 쇼핑과 식사, 스포츠를 즐길 수 있는 복합 시설을 만들어 버리면 됩니다. 이러한 '재개발'이라는 이름의 울타리 치기는 분명 돈을 낳습니다.

하지만 도쿄와 같은 콘크리트 정글에 남아 있는 희귀한 오아시스라고 할 만한 곳을 굳이 파괴할 필요가 있을까요? 앞으로 인구가 줄어드는데, 초고층빌딩이나 상업 시설이 더는 필요 없을 것입니다. 결과적으로 지역의 휴식처가 부자들을 위한 공간으로 변질될 것입니다. 결국 가치의 논리를 따져 보면 사회는 오히려 살기 힘들고 가난한 곳이 될 가능성이 높습니다.

이것이 바로 '사회의 부가 상품으로 나타난다'의 현실적인 모습입니다.

---

* 신궁 외원: 메이지 신궁 외원으로, 도쿄도 신주쿠구 가스미가오카초와 미나토구 기타아오야마에 걸쳐 있는 스포츠·문화시설, 녹지, 공원 등으로 구성된 지역을 가리킨다.—옮긴이

° 가성비 사고의 내면화

독자 중에는 신궁 외원의 이야기를 듣고 '자본주의니까 도시 개발은 당연한 거지, 그런 걸 비판해도 어쩔 수 없지. 지금까지 도쿄에서 얼마나 많은 나무를 베었나'라고 생각하는 사람도 있을 것입니다. 여기에 가치관의 큰 차이가 있는 것 같습니다. 그 이유는 어디에 있을까요?

앞서 말했듯이, 상품에 의존하지 않고 살아가기란 현대사회에서 더는 가능하지 않습니다. 경제를 돌리지 않으면 우리는 살아갈 수 없다는 것입니다. 돈이 중심이 되는 사회가 되면서, 우리는 어쨌든 상품경제에서 잘 사는 것이 '합리적'이라고 생각하게 됩니다. 즉, 상품 가치의 논리를 스스로 내면화하는 것입니다.

그러다 보면 부의 '사용가치'에 기반한 논리나 감성은 뭔가 순진하고 비현실적으로 느껴지게 됩니다. 자본주의에서는 '가치'를 늘리는 것이 생산 활동의 최우선 과제이기 때문입니다. 그리고 '사용가치'는 무시되고 '가치'를 실현하는 수단으로 전락합니다. 마르크스는 이러한 '사용가치와 가치의 대립' '부와 상품의 대립'이 인간과 자연에 모두 파괴적인 결과를 가져온다고 경고했습니다.

가치 논리의 내면화를 보여 주는 잘 알려진 예가 바로 '가성비(코스파, cost performance)' 사고입니다. 모든 일의 수익률을 추정하고 그에 따라 효율화를 꾀하는 태도죠.

당신의 지위가 높고, 시급이 5000엔이라고 가정해 봅시다. 만약 당신이 손수 취사하는 데 한 시간을 쓴다면, 5000엔을 벌 수 있는 기회를 **잃었다**고 볼 수 있습니다. 돈을 벌지 못하는, 손수 취사하는 데 드는 시간의 비용이 상당히 높은 것이죠. 그렇다면 1000엔을 내고 외식을 하거나 우버이츠에서 주문하고 그 시간만큼 일하는 것이 더 낫다는 것입니다. 외식이 건강에 좋지 않아 걱정된다면 3000엔을 내고 요리 대행 서비스를 이용하는 것도 괜찮을 것입니다.

이렇게 가사나 육아는 외주화, 상품화되고 있습니다. 그리고 그것이 효율적이고 바람직하다고 생각하고 이용하는 사람이 늘어나기 때문에 서비스산업도 점점 늘고 있습니다.

하지만 가성비 사고에 더 깊이 빠져들면 돈이 되지 않는 주민회의나 축제, 학부모·교사 모임(PTA), 노동조합 등에 참여하는 일이 모두 가성비가 나쁜 것이 되어 버립니다. 가족이나 지인을 돕는 것조차 말이죠. 결국 공동체는 점점 더 말라비틀어지고, 끝내는 붕괴됩니다.

물론 집안일을 모두 여성에게 맡기거나, 동네 모임에서 '장로'가 거드름을 피우던 옛날이 더 좋았다고 말하려는 것이 아닙니다. 다만 상품화하지 않더라도 가사나 육아에 남녀가 동등하게 참여할 수 있는 방법도 있고, 커뮤니티의 힘을 효과적으로 활용할 수 있는 선택지도 있다는 것입니다.

하지만 그런 선택을 하는 대신 우리 사회는 모든 것을 상품화하고, 남는 시간을 점점 더 돈벌이에 바치고 있습니다. 그렇다고 해서 더 풍요로워지지는 않습니다.

이 역설은 미하엘 엔데(Michael Ende, 1929~1995)가 쓴 『모모』의 세계를 떠올리게 합니다. '시간 은행'에 홀린 이발사 푸지는 시간을 절약하게 되었는데도 전혀 여유가 없습니다.

푸지 씨는 점점 더 흥분하고, 침착하지 못한 사람으로 변해 간다. 한 가지, 떨어지지 않는 것이 있기 때문이다. 절약한 시간은 사실 조금도 남아 있지 않았다. 마치 마술처럼 흔적도 없이 사라져 버리는 것이다. 푸지 씨의 하루하루는 처음에는 몰랐지만 점점 더 뚜렷하게, 그리고 조금씩 사라져 갔다. (오시마카오리 옮김, 『모모』 이와나미 소년문고판, 101~102쪽)*

가성비를 더 높이고 시간을 절약한다고 해서 인생이 풍요로워지는 것은 아닙니다. 오히려 여가가 점점 줄어들고, 가족이나 이웃과 소통할 수 있는 여유도 없어집니다. 그리고 조금의 낭비도 용납하지 못하는 짜증 나는 인간들만 가득한 사회가 되어 버린 것입니다.

* 미하엘 엔데, 『모모』(한미희 옮김, 비룡소, 1999), 94쪽.—옮긴이

° 더 나은 사회로 가는 지름길

그러한 '개인'이 지배하는 원자화된 사회에는 열심히 일해도 생활에 필요한 충분한 돈을 벌지 못해 빚, 빈곤, 과로사, 실직의 위협에 노출되어 있는 사람이 많습니다. 그들의 문제를 온전히 본인의 책임이라고 치부할 수 있을까요?

왜냐하면 신궁 외원 재개발처럼 많은 사람이 부에 접근할 수 없는 상황을 의도적으로 만들어서 일부 기업과 부유층이 점점 더 많은 돈을 축적하고 있기 때문입니다. 이러한 대립과 불평등을 만들어 내고 확대하는 것은 '자본주의적 생산방식', 즉 가치를 높이고 자본을 늘리는 것을 목적으로 하는 상품생산의 특징이라 할 수 있습니다. 개인의 문제이기보다는 사회구조의 문제라고 지적하는 것이 『자본론』입니다.

하지만 자본주의의 문제는 상품과 화폐가 거래되는 시장의 유통과정만으로는 충분히 이해할 수 없습니다. 상품이 만들어지는 '생산'의 차원으로 들어가야 합니다. 이 점은 다음 장에서 자세히 살펴보겠습니다.

물론 이러한 고찰을 통해 자본주의 모순의 원인과 메커니즘을 알았다고 해서, 안타깝게도 그 모순이 바로 사라지지는 않습니다. 모순을 없애려면 실제로 사회구조를 크게 바꿔야 하는데, 이 또한 가시밭길입니다.

하지만 이론은 잘못된 길로 가는 것을 막고, 치료법을 더 빨리 찾을 수 있도록 도와줄 것입니다. 마르크스는『자본론』의 목적을 다음과 같이 말했습니다.

> **이 책의 최종 목적은 근대사회의 경제적 운동법칙을 폭로하는 것이다. 근대사회는 자연적 발전단계를 뛰어넘을 수도 없고, 법령으로 폐지할 수도 없다. 그러나 근대사회는 발전의 고통을 단축하고 완화할 수 있다.** (15~16 / 6)

마르크스는 자본주의사회에 내재된 모순을 밝힘으로써 자본주의와는 다른, 더 나은 사회를 만드는 '지름길'을 제시하고자 한 것입니다.

따라서 지금부터는 단순한 경제이론으로서가 아니라 불평등, 장시간 노동 등 현대사회가 안고 있는 문제들을 해결하는 실마리를 찾기 위해 우리와 가까운 현실에 비추어『자본론』을 읽어 보려 합니다.

왜
과로사는
없어지지
않는가

Das Kapital.

° 끝없는 가치 증식 게임

앞 장에서는 '상품'을 중심으로 자본주의사회와 비자본주의
사회의 차이를 살펴보았습니다. 자본주의가 아닌 사회에서도
일부에서는 '상품' 교환이 이루어졌지만, 많은 물건이 상품이 아
닌 생활에 도움이 되는 '사용가치'를 기준으로 만들어졌습니다.

하지만 자본주의에서는 모든 부, 심지어 물이나 숲, 공원이나
도서관 같은 공유재산까지 상품화되어 돈이 없으면 접근이 불
가능해집니다. 그래서 필사적으로 돈을 획득해야만 합니다.

그리고 시장 사회에서는 돈을 가진 사람이 더 우위를 점할 수
있습니다. 그래서 상품의 '사용가치'가 아니라 '가치'가 생산의
목적이 되고, 필요 여부가 아니라 팔릴 것 같은지 아닌지에 따
라 물건을 만들게 됩니다.

이렇게 자본주의에서는 끝없는 가치 증대를 위해 시장에서
날마다 경쟁이 벌어집니다. 끝없는 가치 증식 게임, 그것이 자
본주의입니다. 하지만 그렇다고 해서 모두가 행복할까요? 아닙
니다. 다음에서 자세히 살펴보겠지만, 자본주의의 희생양은 노

동자와 자연환경입니다.

　다만 이 문제를 제대로 생각하기 위해서는 '상품'과 '화폐'에 대한 분석만으로는 부족합니다. 그렇습니다. '자본'에 대한 분석이 필요합니다.

° 자본이란 "운동"이다

　애초에 '자본'이란 무엇일까요? 아마도 많은 사람이 어느 정도 액수의 돈이나 금전적 가치가 있는 물건(기계, 건물, 금융자산)을 떠올릴 것입니다.

　하지만 마르크스는 전혀 다른 관점을 가지고 있었습니다. 자본은 '돈'도 아니고 공장이나 기계, 상품과 같은 '물건'도 아닙니다. 마르크스는 자본을 "운동"(165~167 / 197~198―옮긴이)으로 정의했습니다.

　어떤 운동인가 하면, 끊임없이 가치를 증가시키면서 자기 증식하는 운동입니다. 이 운동을 'G-W-G′'라는 공식으로 나타냈고, 마르크스는 이를 '자본의 일반 공식'이라 불렀습니다. 'G'는 독일어로 화폐를 뜻하는 '겔트(Geld)', 'W'는 상품을 뜻하는 '바레(Ware)'의 머리글자입니다.

　'사용가치'를 위해 생산이 이뤄지는 사회에서 신발 가게 주인은 신발을 만들어 팔고, 그렇게 번 돈으로 예컨대 빵을 삽니다.

빵을 다 먹으면 아무것도 남지 않습니다. 이 운동을 공식화하면 'W-G-W', 즉 '물건-돈-물건'이 됩니다.

이에 반해 자본주의사회에서는 원금인 돈으로 신발을 만들어 팔고, 손에 쥔 돈으로 또 신발을 만듭니다. 그것이 팔리면 더 팔릴 것 같은 신발을 만들기 위해 더 많은 돈을 투자합니다. 'G′'는 첫 번째 'G(돈)'에 수익이 더해진 상태를 나타냅니다. 'G-W-G′' 운동을 계속 반복하면서 원금을 점점 늘려 가는 것입니다. 수익이 발생한다면 신발이든 가방이든 무엇이든 만들면 됩니다. 사용가치는 어디까지나 부차적인 것으로 치부돼 버립니다.

요컨대 자본이란 돈 버는 운동이고, 이 돈 버는 운동을 끝없이 지속하는 것이 제1의 목표가 되는 사회가 자본주의입니다.

° 자본가가 돈벌이를 멈추지 못하는 이유

다시 말하지만, 돈벌이의 주축은 상품의 '사용가치'가 아니라 '가치'입니다. 게다가 G-W-G′ 운동으로 자본이 커지면서 가치는 그 힘을 더해 가고, 마침내 독립적인 '주체'가 되어 점점 더 인간을 휘두르게 됩니다.

유통 G-W-G에서 상품과 화폐는 모두 가치 자체의 다른 실존

양식으로 기능할 뿐이다. 가치는 이 운동 속에서 손실되지 않고 끊임없이 한 형태에서 다른 형태로 이동하며, 이렇게 해서 하나의 자동적 주체로 전환된다. (중략) 가치는 여기서 과정의 주체가 되며, 이 과정에서 화폐와 상품으로 끊임없이 형태를 변환하면서 그 크기 자체를 바꾸고, 원가치인 자기 자신에서 잉여가치인 자기 자신을 내밀어 변환함으로써 자신을 증식시킨다. (168~169 / 200~201)

돈과 상품은 자본의, 말하자면 가상의 초기 모습입니다. 차례로 모습을 바꾸면서도 자기를 관통하여 증식하는 것은 '가치'이며, 가치가 주체가 되어 그 운동이 '자동화'되어 간다고 마르크스는 지적합니다.

예를 들어, 신발 만들기에 성공해 2000만 엔을 손에 쥔 자본가는 이것을 '3000만 엔으로 만들고 싶다', 또 그것이 잘되어 3000만 엔이 되면 '4000만 엔으로 하자'고 생각하고, 4000만 엔이 되어도, 심지어 평생을 써도 다 써 버릴 수 없을 만큼 돈을 벌게 되어도 '더!'라고 생각하게 됩니다. "그래서 자본의 운동에는 한계가 없다"(167 / 198)라고 마르크스는 말했습니다.

그 이유에 대해 마르크스는 자본가라는 종족이 돈에 환장한 사람이기 때문이라기보다 그것이 자본주의에 얽매인 인간의 "숙명"이기 때문이라고 말했습니다. 자본가가 개과천선해서 자신의 탐욕을 반성하고 벌어들인 돈으로 종업원들의 임금을 올려 주면 된다는 식의 도덕적 문제가 아니라는 것입니다.

시장에서는 항상 가혹한 경쟁이 벌어지고 있습니다. 그래서 자본가들은 잠자는 시간도 아껴 가며 1엔이라도 더 벌기 위해 끊임없이 제품을 개선하고 신제품을 개발하려고 노력합니다. 그러지 않으면 타사와의 점유율 경쟁에서 패배해 도태되고, 직원들의 임금을 지급할 수 없게 될 수도 있습니다. 사업을 지속하기 위해서는 매일매일 효율화와 비용 절감을 추진하여 경쟁력을 갖추고 수익을 창출해야만 합니다.

즉, 자본가도 자동화된 자본의 가치 증식 운동의 톱니바퀴에 불과하다는 뜻입니다. 자본가가 자본가로 계속 남으려면 자본의 자동화된 운동에 따를 수밖에 없습니다. 그리고 노동자는 그런 자본가를 따르도록 강제됩니다.

자동화된 자본의 운동이 사회 전체를 뒤덮으면, 인간도 자연도 그 운동에 종속되어 자본에 이용당하는 존재로 전락합니다. 무제한으로 가치를 증식하고 자본을 축적하는 운동에 매몰되어 모든 것이 그 톱니바퀴가 되어 버리는 것입니다. 이렇게 '인간과 자연의 물질대사'(이 책 1장 참조)는 크게 교란됩니다.

이 장에서는 먼저 인간 측에 어떤 변화가 일어나는지 살펴보겠습니다.

° '생산이라는 숨겨진 장소'

노동자가 처한 불합리한 상황과 자본이 야기하는 심각한 노동문제를 다루기 전에, 자본가가 어떻게 가치를 높이고 자본을 축적하는지 그 원리를 간단히 이해할 필요가 있습니다.

앞서 언급한 'G-W-G'라는 일반 공식이 암시하듯, 수중에 있는 자금을 주머니에 쌓아 둔다고 해서 가치가 증가하지는 않습니다. 수전노(守錢奴) 같은 태도는 자본주의에서는 불합리합니다.

자본가가 되려면 위험을 무릅쓰고 돈을 투자해 '팔릴 것 같은' 물건을 계속 생산해야 합니다. 그것이 자본을 늘릴 수 있는 유일한 방법이기 때문입니다. 지금은 주식이나 외환 등의 방법도 있지만, 궁극적으로 가치는 "생산이라는 은밀한 장소"(189/232)에서만 증가한다고 마르크스는 말합니다.

무슨 말인지 단순화해서 알기 쉽게 설명하겠습니다.

예를 들어 어떤 노동자가 일당 1만 엔에 여덟 시간을 일한다고 가정합니다. 자본가는 그에게 하루 일을 시키고 1만 엔을 줍니다. 그날 하루의 노동으로 생산된 상품의 가치가 1만 6000엔이라면, 노동자의 일당을 뺀 6000엔이 자본가의 이윤이 됩니다. 이를 마르크스는 '잉여가치'라고 불렀습니다(그림 참조). 이 잉여가치에 의해 자본은 증가하는 것입니다.

잉여가치와 절대적잉여가치

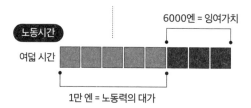

※ 한 시간 노동(한 칸)은 2000엔을 낳는다고 가정하자.

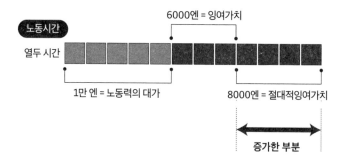

* 노동자가 파는 것은 노동력이라는 상품.
* 일당 1만 엔인 노동으로 생산된 상품의 가치가 1만 6000엔이라고 하자.
  이 6000엔을 '잉여가치'라고 한다.
* 자본가는 최대한 많은 잉여가치를 획득하고자 한다.
* 가장 간단한 방법은 되도록 오래 일하게 하는 것.
* 노동시간 연장, 노동 일수 증가에 따른 잉여가치 생산을
  '절대적잉여가치' 생산이라고 한다.

저자 자료를 근거로 편집부에서 작성.

'6000엔은 너무 많으니 4000엔만 벌라'는 문제가 아닙니다. 여기서 중요한 것은 노동자가 '노동력'을 판매한 대가로 받는 임금보다 더 큰 가치를 자신의 노동으로 창출한다는 사실입니다. 그러지 않는다면 그의 노동력은 자본가에게 '살 가치가 없는' 것이기 때문입니다.

위의 경우를 자본의 일반 공식에 대입하면, 자본가는 1만 엔 (G)으로 '1일분의 노동력'이라는 상품을 사서 신발(W)을 만들고, 그것을 팔아서 1만 6000엔(G′)을 손에 쥔 것이 됩니다.

그중 1만 엔으로 다음 날도 일하게 하고 다시 1만 6000엔을 손에 넣으면 처음 1만 엔이던 'G'는 2일분의 잉여가치인 1만 2000엔이 더해져 2만 2000엔이 됩니다. 그러면 이번에는 노동자를 두 명 고용할 수 있을 것입니다. 그러면 하루에 창출되는 잉여가치도 두 배로 늘어납니다. 가치가 가치를 낳는 운동이 끝없이 반복되면서 자본은 점점 더 증식하는 것입니다.

가치는 그 자체가 가치이기 때문에 가치를 낳는다는 신비한 성질을 부여받는다. 가치는 살아 있는 자식을 낳거나 적어도 황금의 알을 낳는다. (169 / 201)

인간의 노동을 통해 가치가 가치를 낳는 자기 증식 과정은 누구도 막을 수 없습니다. 그리고 인간이 통제할 수 없는 가치의 '신비한 성질'이 노동자를 몰아붙이는 것입니다.

° '노동력'과 '노동'의 차이

노동자가 생산했는데 잉여가치 6000엔은 자본가의 것입니다. 이런 불합리가 자본주의에서는 정당화됩니다. 이것이 바로 그 유명한 '착취'라는 문제입니다. 마르크스는 착취가 발생하는 이유를 '노동력'과 '노동'의 차이로 설명합니다.

'노동력'은 노동할 수 있는 능력입니다. 노동자와 자본가 사이에서 등가로 매매되는 것은 이 '노동력'입니다. '당신 곁에서 일하겠습니다'라는 권리를 파는 것입니다. 그리고 1만 엔이라는 일당은 이 노동력이라는 상품의 하루 가치에 상응하는 대가입니다.

그러나 노동자가 자신의 노동력을 '일당 1만 엔에 팔겠다'고 결심한 시점, 혹은 자본가가 그것을 사기로 결정한 시점에서는 아직 '노동'이 이루어지지 않았습니다. 자본가가 노동자로부터 구입한 '노동력'이라는 상품을 실제로 사용해야 (즉, 노동자를 일하게 해야) 비로소 '노동'이 발생하는데, 1만 6000엔이라는 새로운 가치를 창출하는 것은 바로 이 '노동'입니다.

이때 일당 1만 엔의 노동력은 이미 자본가의 소유가 되었기 때문에, 그것을 어떻게 사용할지는 자본가의 자유입니다. 극단적으로 말하면, 사용하지 않고 1만 엔을 낭비해도 좋고, 여덟 시간 노동을 시켜 1만 6000엔의 가치를 손에 넣어도 좋습니다. 즉, 일단 노동력을 팔아 버리면 그동안 재량권을 갖는 이도, 노동이 만들어 낸 잉여가치를 수취하는 이도 자본가이지 노동자는 아닙니다.

여기서 중요한 것은 자본가는 '노동'이라는 상품을 노동자로부터 사는 것이 아니라 '노동력'이라는 상품에 대한 대가로 임금을 지불한다는 점입니다. 즉, 노동자를 속여 싸게 사들이는 것이 아닙니다. 시장에서의 거래만 놓고 보면, 상품의 등가교환 원칙은 노동력 상품과 임금의 교환에서도 제대로 지켜집니다. 그 결과 잉여가치의 '착취'가 이루어진다는 사실은 잘 보이지 않습니다.

하지만 이 착취의 존재를 드러내는 것이 『자본론』의 목적은 **아닙니다.** 이 점은 종종 오해되기 때문에 중요합니다. 우리가 오히려 물어야 할 것은 착취의 존재가 드러났는데도 왜 노동자들은 묵묵히 일을 계속하는가 하는 문제입니다.

잠정적으로 간단히 답한다면, 노동자에게는 자신의 노동력을 계속 파는 것 말고는 생존에 필요한 화폐를 얻을 방법이 없기 때문입니다. 요컨대 노동자가 가진 상품은 자신의 '노동력' 밖에 없기 때문에 그것을 팔아야만 합니다. 생산수단도 생활수단도 없는 무소유의 존재, 그것이 바로 노동자입니다.

하지만 이 노동력을 판매한 대가로 받을 수 있는 임금은 겨우 먹고살기에도 빠듯한 액수입니다. 그래서 오늘도 우리는 퇴근길에 하이볼 캔을 한 손에 들고 마트에서 할인 스티커가 붙은 반찬을 찾아다니며 하루하루 겨우 살아가는 것입니다.

˚ 장시간 노동이 만연하는 메커니즘

앞서 예로 든 노동자는 한 시간 노동으로 2000엔의 가치를 창출하고 있습니다. 이 사람을 일당 1만 엔으로 고용하고 그 노동력을 다섯 시간만 사용한다면, 노동으로 창출되는 가치는 1만 엔으로 자본가의 이윤은 0원입니다.

그러나 다섯 시간을 초과한 노동은 모두 잉여가치로서 자본가의 것이 됩니다. 따라서 여덟 시간 노동을 시키면 1만 6000엔의 가치가 생겨 자본가는 6000엔의 잉여가치를 손에 쥘 수 있습니다. 그런데 만약 '가치를 더 늘리고 싶다'면 여러분은 어떻게 하겠습니까?

가장 빠른 방법은 월급을 늘리지 않고 하루 노동시간을 늘리는 것이죠. 예를 들어 열 시간 일하게 하면 잉여가치는 두 시간분 4000엔이 추가되고, 열두 시간 일하게 하면 잉여가치를 8000엔이나 늘릴 수 있습니다(67쪽 그림 참조).

노동자에게 지급하는 일당은 1만 엔 그대로이기 때문에 자본가 입장에서는 같은 비용으로 이윤을 8000엔 늘릴 수 있다는 뜻입니다. 마르크스는 노동시간을 연장함으로써 자본가가 노동하지 않고 얻은 추가 잉여가치를 '절대적잉여가치'라 부르고, 노동시간 연장이 절대적잉여가치를 생산한다고 지적했습니다.

자본가는 최대한 많은 돈을 벌고 싶어 합니다. 이를 위해 최대한 많은 잉여가치를 획득하고 싶어 합니다. 게다가 이렇게 쉽게 가치를 늘릴 수 있다면, 추세적으로 노동시간이 길어질 수밖에 없습니다. 이것이 일본에서도 오래전부터 만연한 장시간 노동, 서비스 잔업의 원인입니다.

자연일의 한계를 넘어 야간까지 노동일을 연장하는 것은 (중략) 노동자의 살아 있는 피에 대한 흡혈귀적 갈증을 약간 풀어 주는 데 기여할 뿐이다. 그러므로 하루 24시간 전부의 노동을 자신의 것으로 만들려는 것이 자본주의적 생산의 내재적 충동이다.

(271/345)

서비스 잔업 외에도 '명목상 관리직'의 형태로 잔업수당 없이 장시간 노동을 시키거나, 고정 잔업수당으로 포함된다고 주장하며 잔업수당을 지급하지 않는 등 절대적잉여가치의 생산은 현대 일본에서도 널리 볼 수 있습니다.

하지만 1노동일(1일 노동시간)이 점점 길어지면 당연히 노동자의 삶에는 여러 문제가 발생하게 됩니다. 자유 시간이 사라지면 피로를 풀지 못하고, 가족과 함께할 시간이 없어지고, 취미를 즐길 여유도 없어집니다. 너무 많이 일해서 몸이 망가지고, 최악의 경우 과로사를 당할 수 있습니다…….

° 노동력도 '부'

노동력은 인간이 지닌 능력으로, 본래 사회의 '부' 중 하나입니다. 노동력이라는 부를 삶을 더 풍요롭게 하고 꿈을 실현하고 사회에 도움이 되고, 일하는 사람에게 행복감과 성취감을 가져다주는 방향으로 활용할 수 있어야 합니다.

그런데 자본주의는 이 노동력이라는 '부'를 '상품'에 가둬 버립니다. 자본가들은 자신이 구매한 노동력 상품을 사용하는 데에서 노동자의 삶의 질이나 꿈, 보람을 고려하는 것은 관심사가 아닙니다. 그들이 집착하는 것은 노동이 창출하는 가치의 양입니다. 그것을 극대화하기 위해 노동을 지배하는 것입니다.

이리하여 살기 위해 일해야 하는 것이 마치 일하기 위해 사는 것처럼 본말이 전도되어 버립니다. 노동력이라는 부가 상품에 갇혀 버림으로써, 많은 노동자에게는 인간이 지닌 능력이 발전하지 못하고 사장되고 맙니다.

'노동자의 살아 있는 피에 대한 흡혈귀적 갈증'의 먹이가 되는 것은 비단 어른들만이 아닙니다. 『자본론』 제1권 8장 '노동일'에는 임금노동에 내몰려 학교에 가지 못하고 글을 읽지 못하는 아이들, 어른들과 함께 일하면서 담배와 술을 배워 중독되는 아이들, 조기에 사망하는 젊은 노동자들의 비참한 현실이 적나라하게 묘사되어 있습니다.

『자본론』을 독해하기 어렵다고들 하지만, 이 '노동일' 장은 저널리즘적이라서 르포처럼 읽을 수 있는 부분입니다. 그리고 마르크스가 이 장에 많은 지면을 할애한 이유는 노동자들이 처한 상황을 몹시 안타까워했기 때문일 것입니다. 난해하지 않다는 이유로 이 장을 중시하지 않는 해설서나 연구서가 많지만, 오히려 마르크스의 문제의식에서는 매우 본질적인 장입니다.

° 반복되는 '과로사'의 비극

노동력을 철저하게 소모하는 자본주의적 생산은 노동자의 심신을 갉아먹고, 그 능력과 삶을 파괴하며, 때로는 생명까지 앗아 갑니다.

마르크스는 『자본론』에서 1863년 6월 런던에서 발행된 모든 일간지가 일제히 보도한 다음 사건을 언급합니다.

> 그것은 한 유명한 궁정용 부인복 제조소에서 일하던 20세 여성 메리 앤 워클리(Mary Anne Walkley)의 죽음에 관한 것이었는데, 이 여성 직공은 엘리스(Elise)라는 우아한 이름의 귀부인에게 착취당하고 있었다. (중략) 여성 직공들은 하루 평균 열여섯 시간 반, 그러나 사교 시즌에는 서른 시간 동안 쉬지 않고 일했다. 그들의 '노동력'이 쇠약해지면 셰리주나 포도주, 커피를 주면서 노동을 계속하게 했다고 한다. 비극은 사교계의 성수기에

일어났다. (중략) 메리 앤 워클리는 여성 직공 60명과 함께, 한 방에 30명씩 들어가서 그들에게 필요한 공기의 3분의 1도 있지 않은 방에서 스물여섯 시간 반 동안 쉬지 않고 일했고, 밤에는 한 침실을 판자 몇 개로 나눈 그 답답한 공간에서 침대 하나에 두 명씩 잤다. 게다가 이곳은 런던의 부인복 제조 공장 중에서도 시설이 좋은 편에 속하는 것이었다. (269~270 / 341~343)

기사의 제목은 '순전히 과로로 말미암은 죽음'입니다. 즉 과로사입니다. 여기서 문제는 메리 앤의 비극이 『자본론』이 출간된 지 150년이 지난 지금도 일본에서 반복된다는 점입니다. 안타깝게도 '옛날 사회에서는 이런 일이 있었어'라는 해설을 덧붙일 필요가 전혀 없습니다.

예를 들면 2008년 이자카야 체인점 '와타미(和民)'에서 발생한 과로사 사건이 있습니다. 입사 2개월 만에 자살로 사망한 여성은 2개월 동안 초과근무를 무려 227시간 강요당했습니다. 노동시간이 하루 여덟 시간, 주 2일 휴무제라고 설명을 듣고 입사했지만, 현장에서는 '점포의 영업시간이 근무시간'이라고 말했고, 장시간 노동에 더해 휴일에도 봉사활동과 경영이념 암기 테스트, 보고서 작성 등을 강요당했습니다.

2015년에도 대형 광고대행사 덴쓰(電通)에 입사한 1년 차에 도쿄대 출신 여성이 과로로 자살한 사건이 있었습니다. 직장에서는 장시간 노동이 일상화되어 피해 여성은 하루 수면 시간이 두

뇌·심장질환 및 정신장애의 산재보상 현황

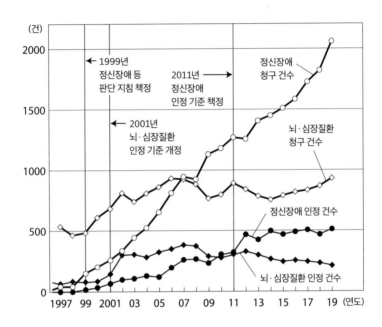

출처: 전국노동안전위생센터연락회의 《안전센터정보》 2020년 10월 호

시간, 일주일에 열 시간밖에 자지 못한 경우도 있었다고 합니다.

이들의 사례가 특별한 것은 아닙니다. 산재 신청 및 인정 건수를 보면, 2010년대 들어 우울증 등 정신질환이 뇌·심장질환을 넘어 계속 증가하고 있습니다(76쪽 그림 참조). 물론 사람들이 적극적으로 진료를 받게 된 측면도 있을 테지요. 하지만 그럼에도 근본 대책이 마련되지 않고 있다는 사실에는 변함이 없습니다.

마르크스가 살던 시대보다 노동자의 권리에 대한 인식과 노동환경이 개선되었을 텐데, 노동자에게 장시간 노동을 강요하는 압력은 약해지지 않았으며, 노동력이라는 '부'의 파괴가 계속되고 있습니다.

° '자유'가 노동자를 궁지로 몰아넣는다

착취는커녕 자살에 이를 정도로 가혹한 장시간 노동에 노동자들은 왜 저항할 수 없을까요? 무단결근을 하거나 그만두면 되지 않을까? 그렇게 생각하는 사람도 있을 것입니다.

이 점에 대해서도 마르크스는 분석했습니다. 그에 따르면 도망칠 수 없는 이유 중 하나는 노동자가 '자유롭기' 때문이라는 것입니다. '자유롭기 때문에 도망칠 수 없다'는 말은 도대체 무슨 뜻일까요?

자본주의사회에서 노동자는 두 가지 의미에서 '자유'롭다고 마르크스는 말했습니다. 하나는 노예처럼 쇠사슬에 묶여 강제 노동을 하는 것이 아니라는 의미의 '자유'입니다. 사농공상이나 카스트와 같은 신분제도가 없는 사회에서는 원하는 곳에서 원하는 일을 할 수 있습니다.

하지만 노예나 신분제와 같은 부자유에서 해방된 우리는 동시에 생산수단에서도 '자유롭게' 되었습니다. '생산수단프리(free)'란 생존에 필요한 것을 생산할 수단을 가지지 않았음을 뜻합니다. 여기서 말하는 '프리'라는 단어는 '속박되어 있지 않다'는 의미가 아니라 무언가가 '없다'는 의미, 예를 들어 카페인프리, 알코올프리 등의 의미와 같이 사용됩니다. 이 상태는 앞 장에서 살펴본 '코먼'이 '울타리 치기'에 의해 해체된 결과입니다.

생산수단에서 분리되면 사람들 대부분은 더 이상 자급자족할 수 없고, 상품을 살 수밖에 없습니다. 살기 위해서는 어떻게든 돈을 벌어야 합니다. 그러려면 무언가를 팔아야 합니다. 하지만 보통 사람이 생계를 위해 팔 수 있는 것은 자신의 노동력밖에 없습니다.

자본주의사회의 노동자는 노예와 달리 자신의 노동력을 '자유롭게' 팔 수 있습니다. 즉, 노동자와 자본가의 관계는 노동계약을 맺기 전까지는 기본적으로 자유롭고 평등하며, 노동자는 원하는 회사와 계약을 맺을 수 있습니다. 하지만 자유는 거기까지입니다. 일단 노동력을 팔고 나면, 그 뒤로는 더 이상 노예와

별반 다르지 않습니다.

무슨 말일까요? 마르크스 경제학자 우치다 요시히코(內田義彦, 1913~1989)는 다음과 같이 설명합니다.

노동자는 노동력에 대한 처분권은 있지만, 노동에 대한 처분권 따위는 전혀 없다. 거짓말이라고 생각한다면 직장에서 노동을 마음대로 처분해 보라. 처분되는 것은 당신 자신일 것이다. (중략) 노동력에 대한 처분 능력을 100퍼센트 갖는다는 것은 노동의 처분 능력을 100퍼센트 잃는다는 것과 동전의 양면 같은 관계에 있다. (『자본론의 세계』 78쪽)

'노동력에 대한 처분권'이란 자신의 노동력을 누구에게 팔지에 대한 선택권입니다. 이것은 항상 노동자의 손에 있습니다. 하지만 누군가에게 파는 순간 노동자는 '노동의 처분 능력', 즉 노동 방식의 자유를 100퍼센트 잃게 됩니다. 계약을 맺으면 그 순간부터 노동자는 자본가의 지시와 명령에 따라 일해야 합니다. 이를 무시하고 마음대로 일하면 해고당할 수밖에 없습니다.

어떻게 일할지 결정하는 이도, 그 노동이 만들어 내는 가치를 손에 넣는 이도 자본가입니다. 노동 현장에 자유롭고 평등한 관계란 존재하지 않습니다. 그래서 노동문제 연구의 대가인 구마사와 마코토(熊沢誠, 1938~)는 "민주주의는 공장의 문 앞에서 주저앉는다"라고 갈파했습니다.

그것을 알면서도 모든 것이 상품화된 사회에서 노동자는 살기 위해 자신의 자유를 '자발적으로' 포기하지 않을 도리가 없습니다. 거기에는 실질적인 선택지가 없습니다. 그래서 마르크스는 현대 노동자의 처지를 노예제도에 비유하며 '임금노예'라고도 일컬었습니다.

하지만 우리는 자신이 '노예'라는 사실을 인정하고 싶지 않습니다. 나는 자유로운 존재라고 생각하고 싶습니다(그래서 원하는 물건을 시장에서 살 수 있는 것을 자본주의의 장점으로 내세우는 것입니다). 이 마음을 이용해 자본주의는 우리를 계속 벼랑 끝으로 내몰고 있습니다.

° 왜 그렇게까지 열심히 일해야 하는가

물론 노동자에게는 직장을 그만두고 열악한 노동환경에서 벗어날 '자유'도 있습니다. 그런데도 현대의 '메리 앤'들은 왜 그만두지 못할까요? 생계가 걸려 있고, 노동자들 사이에도 경쟁이 있기 때문에 직장에서 살아남으려고 노력하는 점도 있을 테지요. 하지만 그 이상으로 마르크스는 여기에 자본주의의 마력이 있다고 말합니다.

자본주의 이전의 노예는 본인도 모르게 매매되고, 인권도 인격도 부정당하며 가축처럼 일했습니다. 그런데도 도망치지 않는 것은 도망치면 도망쳤다고 혹독하게 매타작을 당하기 때문입니다. 그들은 두려움에 떨며 마지못해 노동을 했습니다.

하지만 노예들은 최소한의 생존을 보장받았습니다. 가축을 함부로 죽이지 않는 것처럼, 노예주는 노예를 물건처럼 소중히 여겼습니다.

그런데 자본주의사회에서는 아무도 생존을 보장해 주지 않습니다. 자본주의는 공동체라는 '부'를 해체하고 사람들을 옛 봉건적 주종 관계와 공동체의 굴레에서 해방했습니다. 공동체로부터 '자유'롭다는 것은 그곳에 있던 상호부조, 도움의 관계에서도 '프리'하다는 것, 즉 단절되는 것을 의미합니다.

그래서 지금은 어떻게든 먹고살 수 있지만, 몸이 망가지거나 실직하면 생활이 어려워져 홈리스가 될 수도 있습니다. 그런 위험에 항상 노출된 노동자는 모두 '잠재적 빈민'이라고 마르크스는 말했습니다. 리먼 쇼크 이후 파견촌 활동*으로 유명해진 유아사 마코토(湯浅誠, 1969~)가 일본은 안전망이 취약해서 한 번 실직하면 단번에 생활보호대상자로 전락하는 '미끄럼틀사회'라고 일컬은 것을 기억하면 좋겠네요.

자본주의사회의 노동자는 이런 불안정한 환경에서 자신의

---

* 파견촌 활동: 2008년 글로벌 금융위기 이후 파견 계약 해지 등으로 인해 생활이 어려워진 이들을 위해 동년 12월 31일부터 이듬해 1월 5일까지 도쿄도 지요다구 히비야공원에서 이루어졌던 무료 숙식 제공 활동을 가리킨다. 사회운동가 유아사 마코토 등이 주도했다.—옮긴이

노동력이라는 상품만을 믿고, 그것을 어디에 팔지도 스스로 결정하며 필사적으로 살아가야 합니다. 여기에 '자기책임'이라는 함정이 있습니다.

> **노예는 단지 외부의 두려움에 의해 노동하지, 자신의 생활**(자신의 **것은 아니지만 보장되어 있는)을 위해 노동하는 것이 아니다. 이에 반해 자유노동자는 자신의 필요에 의해 노동한다. 자유로운 자기결정, 즉 자유에 대한 의식과 그에 따른 책임의 감정은 자유노동자를 노예보다 훨씬 더 나은 노동자로 만든다.**
>
> **(마르크스, 『직접적 생산과정의 결과들』)***

　노동자들을 움직이는 것은 '일자리를 잃으면 생계를 유지할 수 없다'는 두려움보다는 '내가 스스로 선택해서 자발적으로 일한다'는 자부심입니다. 그렇기 때문에 '직무를 제대로 수행해야 한다'는 책임감이 생깁니다. 실제로 취업 면접에서 "무슨 일이든 죽기 살기로 하겠습니다!"라며 자신의 자유를 기꺼이 포기한 경험이 있는 사람이 많을 것입니다. 최저한의 생활을 보장받으며 마지못해 일하는 노예와는 분명 차이가 있습니다.

---

* 『직접적 생산과정의 결과들』: 『자본론』 제1권의 원고로 집필되었지만, 실제로 출판된 『자본론』 제1권에는 수록되지 않았다. [이 책의 한국어판으로는 칼 마르크스, 「직접적 생산과정의 제 결과」, 『경제학 노트』(김호균 옮김, 이론과실천, 1988)를 참고할 수 있다.―옮긴이]

자기책임감을 갖고 임하는 노동자는 억지로 일하는 노예보다 더 일을 잘하고, 더 좋은 일을 합니다. 그리고 실수하면 자신을 탓합니다. 불합리한 명령도 받아들이고 스스로를 몰아세웁니다. 이는 자본가가 바라지도 않았던 바입니다. '자본가에게 유리한' 사고방식을 노동자가 스스로 내면화함으로써 자본의 논리에 편입되는 것입니다. 정치학자 시라이 사토시(白井聡, 1977~)는 이를 가리켜 '영혼의 포섭'이라고 말했습니다.

본래 끝없는 가치 증식을 추구하는 자본가의 이해관계와 인간다운 삶을 원하는 노동자의 이해관계는 양립할 수 없습니다. 그런데 자유롭고 자발적인 노동자는 자본가가 원하는 노동자의 모습을 마치 자신이 지향해야 할 모습, 인간적으로 우수한 모습인 양 착각하게 됩니다. 고도성장기의 '모레쓰 사원'**이나 버블경제기에 유행한 영양 음료의 캐치프레이즈 "24시간 싸울 수 있습니까"가 그 좋은 예일 것입니다.

자본주의사회에서는 노동자의 자발적 책임감, 향상심, 주체성이 자본의 논리에 '포섭'된다고 마르크스는 경고했습니다.

** 모레쓰 사원: 맹렬(猛烈) 사원. 1950~1970년대 일본의 고도 경제성장기에 탄생한 단어로 회사에 대한 충성심이 매우 높아 자신과 가정을 희생하면서까지 열심히 일하는 샐러리맨을 가리킨다. '열혈 사원' '기업 전사'라고도 한다.—옮긴이

° 임금인상보다 '노동일' 단축

　자본의 논리에 포섭된 노동자는 잠자는 시간을 아끼고 건강과 가정을 희생하면서까지 일하게 됩니다. 기술혁신으로 생산력이 비약적으로 향상하고 풍요로워졌는데도 현대의 노동자들은 마르크스 시대보다 더 많이 일하고 있습니다.

　하지만 그렇게 열심히 일하는데도 일본은 버블경제가 터진 이후 장기적인 경기침체에서 벗어나지 못하고 있습니다. 연구 투자가 줄어들고 혁신을 통한 부가가치 창출도 어려워지고 있습니다.

　그 배경에 시장의 포화 상태가 있습니다. 과거처럼 가정마다 백색 가전, TV, 자동차 등을 한꺼번에 구입하는 시대는 지나갔습니다. 이제 기본적으로 교체 수요밖에 없습니다. 이를 대체할 만한 새로운 시장 개척도 글로벌 경쟁 속에서 쉽지 않습니다.

　이런 상황에서 기업이 수익을 올리기 위해 취할 수 있는 가장 빠른 방법은 노동시간을 더 늘리거나 임금을 삭감하는 것입니다. 85쪽 그림은 매출은 거의 변화가 없는데 이익만 증가하고 있음을 보여 줍니다. 지난 십여 년 동안 기업들은 너나없이 임금 삭감 등 비용 절감만 해 왔다고 해도 과언이 아닐 것입니다.

　지금까지 1만 엔이던 일당을 8000엔으로 줄이면 노동시간은 여덟 시간으로 유지하면서 잉여가치를 창출하는 '잉여노동시간'은 네 시간으로 늘어납니다(67쪽 그림에서 한 칸이 늘어납니다).

쉽게 말해, 삭감된 일당이 자본가의 이윤에 고스란히 편입되는 것입니다.

예를 들어 잔업수당을 주지 않거나 상여금을 주지 않거나, 정년을 앞당겨서 싸게 계속 고용하는 것도 실질적 임금 삭감입니다. 더 심각한 문제는 기업에서 정직원을 줄이고 그 대신 비정규직과 파견직을 늘리고 있다는 점입니다.

그런 점에서 부당하게 낮게 책정된 임금을 올리는 것은 중요

《법인기업통계》로 본 매출액 및 이익 추이(전 산업)

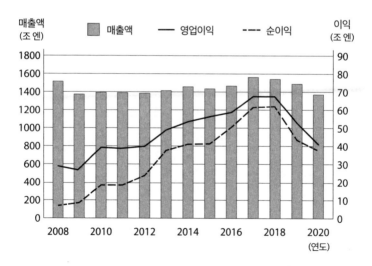

출처: 재무성 재무종합정책연구소 《법인기업통계》

합니다. 실제로 노동운동이나 노사 교섭에서도 '임금인상'은 가장 큰 쟁점입니다.

하지만 흥미롭게도 마르크스는 임금인상보다 '노동일 제한(단축)'이 더 중요하다고 지적합니다. 당시 임금이 지금보다 훨씬 낮았는데도 말입니다.

노동일의 제한은, 그것 없이는 모든 해방의 시도가 실패로 끝날 수밖에 없는 선결 조건이라고 우리는 선언한다. (319 / 410)

임금이 인상되더라도 장시간 노동이 해소되지 않으면 의미가 없다는 말입니다.

자본가가 임금인상 요구를 받아들이면 분명 착취는 완화됩니다. 그러나 자본의 논리에 포섭된 자본주의사회의 노동자는 "그럼 우리는 열심히 일하겠습니다!"라고 말할 것입니다. 이는 오히려 기업에 유리하게 전개되는 사태입니다. 임금을 조금만 올려 주고 그 대신 노동자가 장시간 노동도 마다하지 않고 '자발적으로' 열심히 일해 준다면 잉여가치, 즉 자본가의 이윤은 오히려 늘어날 수 있기 때문입니다.

자본가의 목적은 노동력이라는 '부'를 '상품'으로 가둬 두는 것입니다. '상품'으로 가둬 두는 것은 자유 시간을 빼앗는 것입니다. 임금인상에 따른 장시간 노동이 임금노예 제도를 유지하는 것입니다.

실제로 임금이 조금 오른다 해도 시간을 빼앗긴 노동자에게는 아이와 놀거나 취미를 즐길 여유가 없습니다. 일하다 지쳐서 책을 읽거나 인생이나 사회문제에 대해 생각할 여유도 없습니다.

바빠서 직접 요리할 시간이 없게 되면 외식이라는 '상품'이 팔립니다. 빨래를 해도 건조할 시간이 아깝게 되면 세탁기와 건조기가 팔립니다. 자동 청소기도 마찬가지입니다. 최근에는 가사 대행 서비스도 유행입니다.

하지만 이런 편리한 서비스가 우리를 여유롭게 해 주는 것은 아닙니다. 그 대가를 지불하기 위해 노동시간이 점점 늘어날 뿐입니다. 이렇게 노동일을 '무제한'으로 만들면 '상품'의 영역이 점점 더 넓어지고, 자본가들의 사업 기회가 확대됩니다.

° 자본가로부터 '부'를 되찾다

마르크스가 노동일 단축을 강조한 이유는 그것이 '부'를 되찾는 일과 직결되기 때문입니다. 일상의 풍요로운 삶이라는 '부'를 지키려면 자신의 노동력을 '상품'으로 만들지 않거나, 자신이 지닌 노동력 중 '상품'으로 판매하는 영역을 제한해야 합니다. 이를 위해 가장 빠르고 효과적인 것이 임금인상이 아니라 '노동일의 제한'이라는 것입니다(물론 노동일을 단축해서 임금이

내려가면 의미가 없으니 시급으로 따지면 임금인상을 수반하는 것이지 만).

노동자는 자신의 삶을 지키고, 지식과 기술을 습득하고 꿈을 실현하기 위해서라도 자신의 노동력과 인생의 시간이라는 '부' 가 '상품'으로 소모되지 않도록 제한하고 싶어 합니다. 하지만 노동력을 '상품'으로 가둬 두려는 자본가를 상대로 혼자서 싸워 봤자 승산이 없습니다. 노동자들이 단결하여—5장에서 자세히 살펴보겠지만, 마르크스는 '어소시에이션(association, 자발적 결 사)'이라는 단어를 사용했습니다—교섭을 벌이기 위해서는 동 료들과 함께 모여서 토론하고 공부하는 시간이 많이 필요할 것 입니다. 이를 위해 노동시간 단축은 불가결합니다.

° 상반된 두 가지 움직임

지금 세계에는 노동일을 둘러싸고 두 가지 상반된 움직임이 일어나고 있습니다. 하나는 노동시간이 그 어느 때보다 연장되 는 추세입니다.

마르크스 시대와 달리 노동의 장은 '직장' 밖으로 점점 더 넓 어지고 있습니다. 컴퓨터와 인터넷 환경만 있으면 어디서든 일 할 수 있습니다. 코로나 사태로 재택근무가 늘고, 원격회의가 이루어지고, 휴양지에서 워케이션*도 가능해졌습니다.

하지만 이러한 근무 방식 때문에 일과 사생활의 경계가 모호해져 실질적으로 노동시간이 연장되는 것이 현실입니다. 전화가 걸려 오면 가족과 식사하다가도 업무 이야기를 할 수 있습니다. 한밤중에 잠에서 깨어났을 때, 침대 옆에 둔 스마트폰으로 해외에서 온 업무 메일에 바로 답장을 보낼 수도 있습니다. 재택근무를 하면 출퇴근 시간이 없으므로 전철 첫차나 막차 시간에 상관없이 24시간 내내 일할 수 있습니다.

그뿐만이 아닙니다. 우리가 구글이나 페이스북을 사용하면 그 데이터는 그들에게 가치를 제공하는 '상품'이 됩니다. 그들은 수집한 데이터를 기업에 팔거나 광고를 게재해 수익을 창출하고 있습니다.

우리는 사적인 시간에 개인적 즐거움으로 페이스북을 사용한다고 생각하지만, 페이스북에 사진을 올리거나 구글 검색을 하는 동안 GAFA**를 위해 그들이 필요로 하는 '데이터'라는 상품을 열심히 생산하고 있다고 할 수 있습니다. 그것도 공짜로!

SNS와 게임중독성 때문에 스마트폰을 손에서 놓지 못하는 현대인들은 잠자는 시간 말고는 계속 일하고 소비하고 있는 셈입니다. 앞으로 자동차 운전이 자동화되면 스마트폰을 만지는

* 워케이션(workation): work(일)와 vacation(휴가)을 합친 신조어로, 휴가 중 여행지 등에서 재택근무를 하는 것을 말한다.

** GAFA: Google, Amazon, Facebook, Apple의 머리글자를 딴 단어로 미국의 IT 공룡 기업을 뜻한다.─옮긴이

시간이 더욱 늘어날 테고, IT업계의 거인들은 점점 더 많은 자산을 축적할 것입니다. 편리한 세상이 되었다고 기뻐했는데, 사실은 우리 삶 전체가 자본에 포섭되었습니다. 이것이 바로 '디지털 프롤레타리아트', 현대의 스마트폰 중독자가 이룩한 성과입니다.

° 노동시간 단축을 향해

한편, 세계적으로 노동시간을 단축하려는 움직임이 있습니다. 2019년 역대 최연소 총리로 취임했던 산나 마린(Sanna Marin, 1985~) 핀란드 전 총리의 대담한 노동시간 단축 목표가 그 예입니다. 마린은 그전부터 '주 3일 휴무, 1일 6시간 근무'를 내세웠는데, 노동시간 단축을 자신의 임기 내 목표로 삼겠다고 표명했습니다.

아이슬란드에서 주 3일 휴무 사회 실험이 진행되었는데, 노동생산성이 떨어지지 않았다는 데이터도 있습니다. 영국에서도 주 3일 휴무 실험이 시작되었습니다. 또 벨기에에서는 나머지 날에 더 오래 일한다는 조건으로 노동자들이 주 3일 휴무를 선택할 수 있도록 하고 있습니다. 이런 움직임은 재택근무의 확대와 함께 점점 더 확산될 것입니다.

여덟 시간 노동은 마르크스 시대에 이미 부분적으로 실현되었기 때문에 그리 놀랄 일은 아닙니다. 그로부터 150여 년이 지난 지금, 이렇게 생산력이 향상되었는데도 그 당시와 같거나 더 오랜 시간을 일하는 것이 더 이상하지 않을까요?

극단적으로 말하면, 왜 주 20시간 노동은 안 될까요? '부'의 관점에서는 가능하지만, '상품'의 관점에서는 그렇게 하면 자본의 가치 증식이 멈춰 버리기 때문입니다.

안타깝게도 일본에서는 자본주의에 도전하는 이런 대담한 노동시간 단축 움직임이 아직 보이지 않습니다. 오히려 '생활보호자 때리기(bashing)'*에서 볼 수 있듯이 '일하지 않는 자는 먹지 말라'는 노동윤리가 점점 더 강화되고 있습니다. 그리고 부업이 권장되고, 쉬는 날에는 자기 계발 세미나로 붐빕니다. 우리는 점점 더 자신의 시간을 타인에게 팔려고 합니다. 하지만 정말 그렇게 하는 게 좋을까요?

블랙 기업이 그토록 사회문제가 된 뒤에도 시정되지 않는 일본의 장시간 노동의 문제를 해결하려면 그 배경에 있는 구조적 문제를 파고들어 다르게 일하는 방식의 가능성을 탐구할 필요가 있습니다. 이 장에서 소개한 '노동일'을 둘러싼 마르크스의 통찰은 중요한 실마리가 될 것입니다.

---

* 생활보호자 때리기: 정부의 생활보호 지원에 의존하는 사람인 기초생활수급자를 비하, 멸시하는 것을 뜻한다.—옮긴이

혁신이
'별것 아닌 일'을
낳다

Das Kapital.

° 케인스의 낙관과 비관적인 현실

왜 자본주의사회에서 장시간 노동은 사라지지 않을까요? 사라지기는커녕 자본의 운동이 사람들을 과로사로까지 몰고 가는 메커니즘을 2장에서 자세히 살펴봤습니다.

『자본론』이 출간된 지 약 60년 후, 영국의 경제학자 존 메이너드 케인스(John Maynard Keynes, 1883~1946)는 자본주의가 발전하면 노동시간이 단축될 것이라고 예언했습니다. 케인스에 따르면, 노동시간이 2030년에는 주당 15시간이 되어 사람들은 시간을 많이 갖게 될 것이며, 21세기의 가장 큰 과제는 노동시간이나 노동환경이 아니라 늘어난 여가를 어떻게 보낼 것인가라고 합니다(「손주 세대의 경제적 가능성」, 1930).*

그로부터 100년 가까이 지난 지금, 우리의 삶은 확실히 달라졌습니다. 마르크스나 케인스가 상상할 수 없을 정도로 다양한

---

* 존 메이너드 케인스, 「우리 손자 손녀들이 누릴 경제적 가능성」, 『다시, 케인스』(김성아 옮김, 포레스트북스, 2023), 1장.—옮긴이

기술혁신이 일어났습니다. 사회가 물건을 만드는 힘, 즉 '생산력'이 엄청나게 높아져 비약적인 경제성장이 일어난 것입니다. 케인스는 "기원전 2000년경부터 18세기 초까지 지구상의 문명화된 도시에 사는 평균적인 인간의 생활수준에 큰 변화가 없었

과거 약 2000년간 세계 총GDP 추이

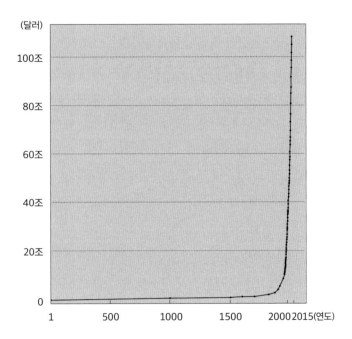

출처: The world economy over the last two millennia
(https://ourworldindata.org/economic-growth)

chapter 3 _____

다"라고 말했는데(앞의 글), 실제로 세계 총GDP의 변화를 보여주는 그래프를 보면 1800년 정도까지는 기울기가 거의 평탄합니다(그림 참조).

하지만 자본주의의 발전과 함께 기술혁신이 진행되면서 세계 총GDP는 가파른 곡선을 그리며 상승했습니다. 특히 제2차세계대전 이후에는 그래프가 수직으로 급상승합니다. 게다가 지난 30년간 인터넷과 휴대전화가 보급되고, 로봇 개발, 인공지능 연구도 진행 중입니다.

그렇다면 케인스의 예언대로 선진국에서는 더 이상 일하지 않아도 살 수 있을 것 같지만, 현실은 전혀 그렇지 않습니다. 오히려 '로봇의 위협'에 겁먹으면서 우리는 점점 더 노동에 내몰리고 있습니다.

그중에서도 사람들의 불안감을 불러일으킨 것이 2013년 가을 옥스퍼드대학교의 마이클 A. 오즈번(Michael. A. Osborne)이 발표한 논문 「고용의 미래」입니다. 직업 700여 종을 세밀하게 분석한 오즈번은 기술혁신으로 인해 미국 노동자의 절반 가까이가 10~20년 후 사라질 것이라고 예측했습니다. 즉, 빠르면 2023년경부터 일자리를 잃게 될 것이라고 예측했습니다. 더군다나 공장노동자뿐 아니라 회계사나 은행원 같은 고소득층도 그 명단에 포함돼 있어 충격이 컸습니다.

인간의 노동이 줄어든다는 의미에서 케인스의 예언과도 부합합니다. 하지만 오즈번이 예견한 것은 인간이 '일하지 않아도 되는' 안락한 유토피아가 아니라, 실업으로 '일할 수 없게 된' '살 수 없는' 디스토피아적 미래였습니다. 생산력이 너무 높아져 인간이 더 이상 필요하지 않게 될지도 모른다는 공포심 때문에 우리는 그 어느 때보다 더 노동에 매달리고 있습니다.

실제로 기술 발전의 결과로 많은 노동은 지루한 일이 되어 버렸습니다. 누구나 할 수 있는 일을 우리는 해고당하지 않으려고 필사적으로 하고 있습니다. 그것도 저임금으로 말이죠. 쌓여 가는 것은 은행 잔고가 아니라 미래에 대한 불안감뿐입니다.

자본주의는 엄청난 부를 가져다준 것처럼 보이지만, 우리의 생활은 오히려 여유가 없어지고 있습니다. 그 결과 욕구와 감성이 메마르고 빈곤해졌습니다. 180년 전, 20대 중반의 젊은 마르크스는 이 상태를 '노동의 소외'라고 불렀습니다. 소외된 삶에 대해 마르크스는 분노를 담아 다음과 같이 썼습니다.

> 빛, 공기 등 가장 단순한 동물적 청결도 인간에게 욕구인 것을
> 중지한다. 더러움, 인간의 이 퇴폐, 타락, 문명의 하수구의
> 오물(이것은 문자 그대로 해석해야 한다)이 인간의 생활 기반이 된다.
> 완전히 부자연스러운 황폐, 부패한 자연이 인간의 생활 기반으로
> 된 것이다.
> (마르크스, 『경제학·철학 초고』제3 초고, 1844년 집필·1932년 출판)*

* 칼 마르크스, 『경제학-철학 수고』(강유원 옮김, 이론과실천, 2006).―옮긴이

노동은 더 매력적이고 인생은 더 풍요로워야 하지 않을까요? 이 마르크스의 물음은 오늘날에도 해당됩니다.

기진맥진할 때까지 시시한 일을 하다가 귀가한 뒤 좁은 아파트에서 밤늦게 편의점의 맛없는 밥을 알코올과 함께 쓸어 넣으면서 유튜브나 트위터를 보는 생활—이건 이상하지 않은가요? 그리고 무엇보다 '월요일이 우울하다' '일을 쉬고 싶다'는 소외의 감각이 우리의 실감으로 와닿습니다.

그래서 다음에서는 마르크스가 말하는 '소외'가 『자본론』에서 어떻게 분석되는지 자세히 살펴보겠습니다. [히로마쓰 와타루(廣松涉, 1933~1994)나 루이 알튀세르(Louis Althusser, 1918~1990)를 읽어 본 사람은 『자본론』에 소외론이 있다는 말을 듣고 깜짝 놀랄지도 모릅니다. 하지만 제대로 있습니다.] 이를 바탕으로 소외를 극복할 방안을 생각해 보겠습니다.

° '더 싸게' 하라고 압박하는 자본주의

그런데 케인스의 예상과는 달리 왜 생산력 상승이 노동자를 노동에서 해방하지도 않았고 행복하게 해 주지도 않았을까요? 이 물음에 답하는 열쇠는 애초 자본주의에서 왜 이렇게 생산력이 올라가는지, 다시 말해 왜 자본가는 생산력을 높이려고 하는지에 숨어 있다고 마르크스는 말합니다.

자본가가 생산력을 높이고 싶은 이유, 그것은 상품을 '더 싸게' 척척 생산해 시장의 경쟁에서 이기기 위해서입니다.

지금보다 싸게 생산해서 같은 값에 판매할 수 있다면 그만큼 이익이 늘어납니다. 혹은 저렴한 가격으로 판매하여 시장점유율을 확대할 수도 있을 것입니다. 점유율이 확대되면 박리다매로 점점 이익이 늘어납니다.

앞 장에서 말한 대로 자본이란 가치 증식 운동이며 돈벌이를 끝없이 계속하는 것이 자본주의입니다. 생산력을 높여 '더 싸게' 생산할 수 있다면 '더 돈을 번다'는 것이 인센티브(동기)가 되고, 자본가는 '더 생산력을 높이자'는 것입니다.

예를 들어 자본가들이 셔츠를 손바느질로 봉제하여 1만 엔에 팔았다고 합시다. 어느 날 자본가 야마다 씨가 재봉틀을 해외에서 도입해 대폭적인 비용 절감에 성공, 한 벌에 1000엔이어도 이익이 나는 형태로 만들 수 있게 됐다고 합시다. 그때 1000엔에 팔아도 되지만 다른 자본가는 1만 엔에 팔고 있으니까 4000엔을 더 얹어 5000엔에 팔더라도 충분히 우위를 점할 수 있습니다.

그러면 여기서 추가한 4000엔은 모두 야마다 씨의 주머니로 들어갑니다. 여기에서 시장에서의 판매가격(5000엔)과 실제 투입된 노동량을 적정하게 반영한 가격(1000엔)의 차익을 '특별잉여가치'라고 합니다.

생산력이 높아지면 이전보다 싸게 팔아도 이익은 배가됩니다. 게다가 시세의 반값 셔츠는 불티나게 팔린다—라고 하면, 당연히, 다른 셔츠 제조업자도 가만있지 않습니다. 그러니까 모두 재봉틀을 도입해서 한 벌에 5000엔, 아니 4000엔에 팔아 자본가 야마다 씨에게서 점유율을 빼앗으려 할 것입니다. 최종적으로 모두가 같은 기술 수준을 따라잡으면 재봉틀로 만든 셔츠는 1000엔에 팔아야 하고 특별잉여가치는 사라집니다.

이러한 저가 경쟁의 파도에 올라타는 데 뒤처진 자본가는 어떻게 될까요? 옛날 그대로의 제조법인 1만 엔짜리 셔츠는 팔리지 않고 남아 있을 것입니다(물론 부자들은 재봉틀과 손바느질의 차이를 중시해 손바느질 셔츠를 살지도 모르지만 신경 쓰지 않는 사람이 많기 때문에 수요는 크게 줄어듭니다). 반면 시세에 맞게 가격을 매기면 팔수록 손실이 커지고 조만간 도태될 것입니다.

상품을 값싸게 하기 위해, 그리고 상품을 값싸게 함으로써 노동자 자체를 값싸게 하기 위해 노동생산력을 증대하는 것은 자본의 내재적 충동이자 끊임없는 경향이다. (338 / 436)

자본가로 남으려면 남들보다 더 싸게, 더 효율적으로 생산해서 돈을 벌어야 합니다. 그래서 자본가들은 상품을 싸게 만들기 위해 어쨌든 생산력을 높이려고 안간힘을 씁니다. 그리고 다양한 기술혁신이 일어납니다. 특별잉여가치야말로 자본주의에서 생산력이 비약적으로 상승하는 가장 큰 이유입니다.

° 생산력 향상이 낳는 '상대적잉여가치'

이러한 가격경쟁이 사회 전체로 확산되면, 이윽고 모든 종류의 상품을 싸게 살 수 있게 됩니다. 원하는 물건을 싸게 살 수 있다면 환영할 일이지만, 마냥 기뻐할 수만은 없습니다. 앞의 인용문에도 나와 있듯이, 그것은 '노동자 자체를 싸게 하기' 때문입니다. 무슨 뜻일까요?

노동자가 싸진다는 것은 한마디로 노동력이 싸져서 임금이 낮아진다는 뜻입니다. 그래서 여기서 우리는 임금이 어떻게 결정되는지 이해할 필요가 있습니다.

임금은 시장의 수요와 공급의 관계로만 결정되지 않습니다. 예를 들어, 지금 일본은 일손이 부족하다고 하지만 임금은 전혀 오르지 않습니다. 마르크스는 노동자가 생활하는 데 얼마가 필요한지에 따라 임금이 결정된다고 말합니다.

하루 일하고 지친 노동자는 먹고 자고 다음 날도 일할 수 있도록 자신의 '상품'인 노동력을 회복해야 합니다. 마르크스는 이를 '노동력의 재생산'이라고 표현했는데, 노동력의 재생산 비용은 일상생활에 필요한 것을 생산하려면 얼마나 일해야 하는지에 따라 결정됩니다.

'필요'의 내용은 시대와 지역에 따라 다양합니다. 음식, 집세, 의복, 여가 비용은 물론이고, 오늘날에는 스마트폰과 인터넷 요금도 포함될 것입니다. 지방에서는 자동차도 필요합니다. 장기적으로는 자녀 교육비, 노후 자금 등을 충당할 수 있을 정도여야 합니다.

한편, 지금까지는 일당 1만 엔(앞 장의 예에서는 다섯 시간 노동)을 받아야 살 수 있었지만, 생산력이 높아지면 패스트패션과 패스트푸드 덕분에 예를 들어 8000엔(네 시간 노동)으로도 이전과 비슷한 생활을 할 수 있게 됩니다. 그러면 자본가는 노동자에게 지급하는 일당을 8000엔으로 낮출 수 있습니다. 구체적으로는 비정규직 등을 늘려서 비용 절감을 할 수 있습니다.

생산력이 높아져 싸게 생활할 수 있게 되었을 뿐, 이 노동자가 한 시간 노동으로 창출하는 가치는 변하지 않습니다.

한 시간에 2000엔인 가치를 창출한다고 가정할 때, 노동시간이 이전과 같은 여덟 시간이라면 일당 감소분 2000엔은 고스란히 자본가의 잉여가치가 됩니다(104쪽 그림 참조).

이처럼 노동력가치의 저하로 인해 발생하는 잉여가치를 마르크스는 '상대적잉여가치'라고 했습니다.

왜 '상대적'일까요? 앞 장에서 살펴본 '절대적잉여가치' 생산에서는 노동일의 절대 길이가 연장됨으로써 하루에 생산되는 가치 자체가 증가했습니다. 반면 '상대적잉여가치' 생산에서는 노동일의 길이는 변하지 않기 때문에 하루에 생산되는 가치의 합계는 그대로입니다. 하지만 노동력의 가치가 낮아짐에 따라 이윤이 늘어나는 구조입니다.

이야기가 조금 복잡해졌지만, 여기서 짚고 넘어가야 할 점은

상대적잉여가치 발생

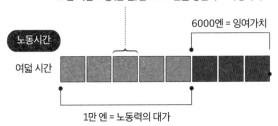

※ 한 시간 노동(한 칸)은 2000엔을 낳는다고 가정하자.

6000엔 = 잉여가치

노동시간

여덟 시간

1만 엔 = 노동력의 대가

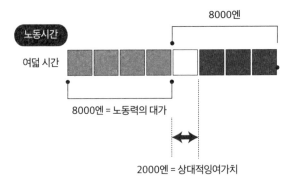

8000엔

노동시간

여덟 시간

8000엔 = 노동력의 대가

2000엔 = 상대적잉여가치

이 예시에서는 일당에서 2000엔 감액된 부분이 상대적잉여가치가 되어
온전히 자본가의 것이 된다.

생산력이 상승하는 것은 어디까지나 자본가가 상대적잉여가치 생산을 목적으로 하기 때문이라는 점입니다. 즉, '사람들의 노동 해방'이나 '노동자의 삶을 풍요롭게 하는 것'을 목표로 하지 않습니다. 가격 인하는 소비자를 위한 것이 아닙니다. 오히려 다음에서 보듯이 노동자들은 점점 더 가혹한 노동에 내몰리게 됩니다.

° 누구를 위한 혁신인가

자본주의에서 생산력이 계속 증가하는 이유와 그로 인해 자본가가 더 많은 '잉여가치'를 얻는 구조는 이제 이해했으리라 생각합니다. 사실 저가 경쟁과 박리다매에 대한 이야기는 직관적으로도 쉽게 이해할 수 있습니다.

하지만 자본가들이 생산력을 높이는 기술혁신, 즉 이노베이션(innovation)에 기대하는 것은 '가치'의 증식만이 아닙니다. 그들의 또 다른 목표, 그것은 노동자에 대한 '지배' 강화입니다. 오히려 이것이 자본주의가 가져오는 생산력 증대에 대해 마르크스가 가장 문제 삼은 점입니다.

자본가는 특별잉여가치를 획득하고자 상품을 최대한 싸게 만들려고 노동자가 '효율적으로' 일하게 하려고 합니다. 즉, 생산성을 높이려는 것이죠. 이때 효율성은 노동자의 '쾌적함'을 의미하지 않는다는 점이 중요합니다.

자본주의에서 요구되는 것은 노동자를 중노동이나 복잡한 일에서 해방하는 것을 목표로 하는 신기술이 아닙니다. 그들이 무단결근도 하지 않고, 불평도 하지 않고, 지시하는 대로만 일하도록 하는 혁신, 즉 노동자를 효율적으로 지배하고 관리하는 기술입니다. 이런 '일하는 방식의 개혁'이 현대까지 이어져 왔기 때문에 케인스의 예상이 빗나간 것입니다.

실제로 마르크스는 생산력이 높아질수록 노동자는 편해지는 것이 아니라 자본에 '포섭'되어 자율성을 잃고 자본의 노예로 전락한다고 지적했습니다.

도대체 왜 생산력의 상승이 자본의 지배 강화로 이어질까요? 여기서 기억해야 할 것은 1장 서두에서 소개한 '물질대사' 이야기입니다. 거기서 인간이 '의식적이고 합목적적인' 노동을 통해 자연과 물질대사를 하고 있다고 이야기했습니다.

이 의식적이고 합목적적인 노동과정은 크게 두 가지 요소로 나눌 수 있습니다. '구상'과 '실행'입니다['구상'과 '실행'이라는 정리는 마르크스 본인이 아니라 해리 브레이버맨(Harry Braverman, 1920~1976)이라는 뛰어난 마르크스 연구자가 『노동과 독점자본』이라는 책에서 『자본론』을 연구하면서 쓴 말입니다].*

예를 들어, '따뜻한 음식을 먹고 싶다' '이를 위해 음식을 조

---

* 해리 브레이버맨, 『노동과 독점자본』(이한주·강남훈 옮김, 까치, 1998).—옮긴이

리할 도구가 필요하다'고 생각했다고 가정해 봅시다. 그러면 인간은 어떤 재료로 어떤 모양으로 만들면 좋을지, 어떻게 하면 내열성과 내구성을 갖출 수 있을지 이런저런 궁리를 하게 되겠죠? 이것이 '구상'입니다. 여기서는 그 결과, 옹기 같은 것을 만들면 좋겠다는 결론을 내렸다고 가정해 봅시다.

이 구상을 바탕으로 이번에는 실제로 손을 움직여 옹기를 만들어 봅니다. 튼튼한 옹기를 만들기 위해 좋은 흙을 파내고, 물을 넣고 반죽하고, 성형하고, 소성합니다. 이런 일련의 노동을 통해 구상을 실현하는 과정이 '실행'입니다.

인간이 머리로 생각하는 구상의 작업을 마르크스 자신은 '정신노동'이라고 불렀습니다. 실행은 자신의 몸을 사용하는 '육체노동'입니다(오해하는 경우가 종종 있는데, '정신노동'과 '육체노동'은 화이트칼라와 블루칼라의 구별이 아닌 점에 주의해야 합니다). 본래 인간의 노동은 구상과 실행, 정신노동과 육체노동이 통합된 것이었습니다.

그러나 자본주의에서 생산력이 높아지면 그 과정에서 구상과 실행, 혹은 정신노동과 육체노동이 분리된다고 마르크스는 말했습니다. '구상'은 특정 자본가나 자본가에게 고용된 현장 감독이 독점하고, 노동자는 '실행'만을 담당하게 된다는 것입니다.

구상과 실행이 통일된 노동으로 쉽게 떠올릴 수 있는 경우는 옹기 만들기 같은 직인의 노동일 것입니다. 직인은 오랜 수련으로 익힌 기술과 지식, 그 과정에서 쌓은 통찰력과 판단력을 총동원해 자신이 만들고자 하는 것(구상하기)을 자신의 손으로 직접 만들어 낼 수 있습니다(실행하기).

이때 숙련된 옹기 직인이라면 불꽃의 색깔과 흔들림만으로 가마의 온도를 알 수 있고, 그날의 기온과 습도, 흙의 상태 등을 고려해 최적의 소성 온도와 시간을 판단할 수 있습니다. 이런 노하우는 명문화되어 있지 않고, 돈으로 살 수 있는 것도 아닙니다. 공장마다 공정과 재료도 다릅니다. 수련을 거쳐 체득하는 수밖에 없습니다. 자본주의가 태동하던 시기에는 이런 직인, 숙련공이 여전히 많았고, 유럽 여러 도시에서는 길드나 춘프트(Zunft)라 불리는 동직조합을 만들었습니다.

동직조합의 구성원은 직인·도제(徒弟)를 거느린 장인으로, 원료 확보, 기술 공유, 가격 협정 등을 통해 결속을 다집니다. 실제로 길드에는 여러 규율이 있습니다. 몇 년을 수련해야 장인이 될 수 있다든지, 독립적으로 공방을 운영할 경우 최대 몇 명까지 제자를 둘 수 있다든지. 또 이익의 비율이 정해져 있고, 광고나 할인이 금지되었습니다. 규칙을 어기면 장인 자격을 박탈당하고, 경우에 따라서는 팔이 잘리는 등 엄격한 처벌이 기다리고 있었습니다.

현대인의 눈에는 그런 사회가 매우 궁하고 불편한 사회로 비칠 것입니다. 하지만 그것은 직인들이 고집스럽고 편협해서가 아닙니다. 그것은 생산의 목적이 이윤을 남기는 것이 아니라 모두의 삶을 보장하기 위해 일정한 질서를 유지하는 것이었기 때문입니다. 그들은 자신들의 '구상'력과 '실행'력을 자율적으로 관리함으로써 과당경쟁을 막고 자신의 일과 노동환경을 지켜낸 것입니다.

하지만 이런 상황이 자본가에게 불리하다는 것은 금방 알 수 있습니다. 3일 만에 옹기 100개를 구워 달라고 주문해도 '무리하다, 일주일은 걸린다'고 튕기거나, '무늬를 넣지 말고 싸게 만들어 달라'고 해도 '나한테는 내 방식이 있다'며 응해 주지 않습니다. 그들의 기분을 상하게 하면 생산이 안 되기 때문에 자본가는 직인의 말을 들을 수밖에 없습니다. 이는 구상과 실행이 통일된 노동자의 기술과 통찰력에 자본가가 의존하는 상태입니다.

앞서 말했듯이 자본가는 단기간에 최대한 많이 생산해 잉여가치를 늘리고 싶어 합니다. 이를 위해 노동자를 더 많이 고용하고 싶어 합니다. 경쟁이 사정없이 압박하기 때문에 몇 년 수련을 받아야만 일손이 될 수 있어서는 곤란합니다.

그래서 자본주의는 길드를 철저하게 해체해 나가는데, 이때 직인들의 저항을 없애는 데 중요한 것이 바로 노동자의 '구상'과 '실행'의 분리입니다. 즉, 자본에 유리하도록 노동의 기술 조건 자체를 점점 더 재편하여 잉여가치 생산에 최적화된 생산양식을 자체적으로 확립해 나간 것이죠.

° '분업'이 노동자를 무력화한다

그렇다면 '구상'과 '실행'을 어떻게 분리할 수 있을까요?

가장 간단한 방법은 생산공정을 세분화하여 노동자들에게 분업을 시키는 것입니다. 옹기 하나가 만들어지기까지 어떤 공정을 거치는지, 각 공정에서 구체적으로 어떤 작업을 어떤 도구와 방식으로 진행하는지, 몇 분이 걸리는지 등을 자본가가 관찰하고, 직인이 각자의 고유한 방식으로 하는 작업을 획일적인 단순 작업으로 분해하는 것입니다.

혼자서 옹기를 완성할 수는 없더라도, 예를 들어 흙 반죽만 하기, 틀에 흙 채우기만 하기, 틀에서 꺼내기만 하면 충분히 매뉴얼화할 수 있고, 비전문가도 조금만 훈련하면 할 수 있습니다. 날마다 하면 그 작업만 놓고 보면 직인 이상이 될 수도 있습니다. 그리고 간단한 작업 한 가지라면 그에 특화된 도구를 만들기도 쉬워집니다.

또 직인과 달리 불손하지 않은 비전문가 집단이라면 자본가는 생산공정을 감독하고 명령하기 쉬워집니다. 모든 작업을 매뉴얼화하면 생산 속도를 획기적으로 높일 수 있습니다. 이처럼 분업을 통해 획일화된 공정을 만들어 가면서 생산효율이 높아집니다. 단순 작업이 중심이기 때문에 인력을 늘리고 생산 규모를 점점 더 확대할 수 있습니다.

물론 현대사회에서도 직인만이 만들 수 있는 물건이 있습니다. 하지만 그런 상품들은 애초에 자본주의 생산에서는 요구되지 않습니다. 자본가들이 만들고 싶은 것은 수작업으로 만든 예술적인 옹기가 아니라, 싸고 나름대로 튼튼한 물건입니다. 깨지거나 부서지면 언제든 저렴한 가격으로 교체할 수 있는 대량생산품입니다. 그런 것들은 직인 한 명이 정성스럽게 만드는 것보다 여러 사람이 분업해서 흐름작업으로 만드는 것이 효율도 좋고, 싸게 많이 생산할 수 있습니다.

자본주의가 확산되면서 가격경쟁의 물결에 휩쓸려 길드는 해체되어 갔습니다. 장사가 안되는 직인들은 폐업하거나 생계를 위해 자본가들의 분업에 동참할 수밖에 없었습니다. 이리하여 길드의 힘은 약해지고, 그만큼 자본가의 힘은 강해졌습니다.

그 결과 18~19세기 영업의 자유 원칙을 내세운 각국의 입법에 의해 길드의 특권은 폐지되었습니다. 마르크스의 조국 독일에서도 1869년 길드제의 역사는 막을 내렸고, '규칙 없는 자본주의'는 이렇게 해서 형성되었습니다.

° 노동이 고통스러워지는 근본 원인

생산력 향상과 생산공정의 분업화로 가난해지는 사람은 직인만이 아닙니다. 옹기 공장에서 일자리를 얻은 비숙련공들에게도 가혹한 운명이 기다리고 있었습니다.

그들은 자본가들이 구축한 분업 시스템에 편입될 뿐, '구상' 할 기회를 박탈당했습니다. 공장에서는 정해진 부분 작업을 매일 반복적으로 수행해야 하기 때문에 지식과 통찰력을 쌓기가 쉽지 않습니다. 게다가 시장의 흐름에 따라 일의 내용은 계속 바뀌게 될 것입니다. 단순노동은 대체가 쉽기 때문입니다. '실행' 측면에서도 과거 직인처럼 풍부한 경험을 쌓고 기술을 익히는 방식으로 자신의 능력을 꽃피울 수 없습니다.

애초 노동자가 자신의 노동력을 상품으로 자본가에게 팔아야 했던 이유는 물리적 생산수단, 즉 생활에 필요한 물건을 만들 수단이 없었기 때문입니다. 그런데 분업이라는 시스템에 편입됨으로써 무언가를 만드는 생산능력마저 잃게 되었다고 마르크스는 갈파했습니다.

몇 년을 일해도 단순 작업만 할 수 있는 노동자는 분업 시스템 안에서만 일할 수 있습니다(더 이상 자기 혼자로는 완제품을 만들 능력이 없습니다!). 그래서 먹고살기 위해서는 자본의 지휘 감독과 명령에 따를 수밖에 없습니다. 분업과 협업은 이렇게 자본주의적 방식으로 재편되어 노동자의 주체성을 빼앗아 갑니다.

게다가 누구나 할 수 있는 단순 작업이기 때문에 공장 밖에는 나를 대신할 사람이 얼마든지 있습니다. 일자리를 잃고 싶지 않다면 꿈을 포기하고 불평불만을 꾹꾹 눌러 참으며 할당량을 달성하기 위해 묵묵히 일할 수밖에 없습니다. 그렇게 되면 점점 더 자본가와의 주종 관계가 강화됩니다.─자유로운 재량의 여지가 사라진 일터야말로 노동이 고통으로 되는 소외의 원인입니다.

° 인간다움을 앗아 가는 테일러주의

구상과 실행을 철저하게 분리한 사례로 20세기 초의 '테일러주의'를 소개하겠습니다. 테일러주의는 미국의 기술자이자 『과학적 관리법의 원리』(1911년)*의 저자 프레더릭 테일러(Frederick Taylor, 1856~1915)가 주장한 관리법입니다. 테일러는 기계공장에 견습생으로 들어가 기계공, 기술 부장을 거쳐 컨설턴트가 된 인물로, 지금은 미국 경영학의 원조로 여겨집니다.

테일러는 먼저 생산공정을 세분화하여 각 공정의 동작과 절차, 소요시간을 분석해 공정별 표준 작업시간을 확정했습니다. 작업의 낭비를 철저히 없애기 위해 동작에 따라 체형과 능력 등을 고려해 재배치하고, 전용 공구를 개발하고, 공구와 부품의 위치까지 세밀하게 정했습니다. 즉, 생산의 기술적 조건이 자본가에 의해 근본적으로 바뀐 것입니다.

또 생산을 계획하고 관리하는 사람과 실제 작업하는 사람을 완전히 분리했습니다. 이는 실제 작업을 하는 사람의 의식을

---

* 프레더릭 테일러, 『과학적 경영 원리』(백지원 옮김, e퍼플, 2023).—옮긴이

'정해진 시간 내에 자신의 업무를 완수하는 것'에만 집중하도록 하기 위해서입니다. 그리고 시간 내에 일을 끝내지 못하면 벌금을 물거나 해고하고, 일정량 이상의 일을 해낸 사람에게는 보상을 하는 차별성과급제도도 도입해 경쟁심을 부추기며 단순노동에 매진하도록 했습니다.

테일러가 이런 일을 한 이유는 그가 제철소에서 일하기 시작한 초창기, 부하인 현장 공원들이 그의 명령을 조금도 듣지 않았기 때문입니다. 한편, 테일러는 자신의 지식과 기술이 '공원들의 지식과 손재주의 총합과는 거리가 멀다'는 것을 통감했습니다. 요컨대 공원들은 그를 우습게 보고 있었습니다.

이러한 경험을 바탕으로 테일러는 공원들의 지식과 손재주, 즉 구상과 실행을 철저하게 해체하고, 모든 공원이 자신의 지시에 따라 '최대의 노력, 최고의 근면 성실'을 발휘할 수 있는 구조를 고안하고 이를 체계화했습니다.

테일러는 경영의 개념을 정립한 '과학적 관리법의 아버지'로 불리지만, 테일러주의는 생산에 관한 노동자들의 지식이라는 '코먼(공유재산)'에 울타리 치는 행위에 다름 아닙니다. 생산에 관한 지식과 노하우를 자본이 독점하고, 자본의 편의에 따라 재구성된 생산시스템에 노동자를 강제로 복종시키기 때문입니다.

그래도 일시적으로 생산성이 높아져 실적 상승의 혜택을 노동자들도 임금인상이라는 형태로 받을 수 있습니다. 그래서 노조 측도 자본에 구상을 빼앗기는 것을 용인해 왔습니다.

하지만 고도 경제성장 시대가 끝나면 자본은 더 이상 노동자에게 그런 '덤'을 주지 않습니다. 노동자의 입지는 점점 약해지고, 임금도 낮아지고, 노동시간도 쉽게 연장됩니다.

자본주의는 생산력을 높이면서 노동자의 자율성도, 인간다운 풍요로운 시간도 사정없이 빼앗아 갑니다. 그래서 생산력이 아무리 발전해도 자본주의가 지속되는 한, 케인스가 예견한 여가사회는 결코 실현될 수 없습니다.

° '기계'에 봉사하는 노동자

이처럼 구상과 실행이 분리된 결과, 노동자는 구상하는 힘을 잃고 일터에서 주체적으로 행동할 수 없게 됩니다. 단순 작업에 갇히면서, 인간의 노동은 본래 지닌 기능으로서의 '부'라는 관점이 점점 더 빈약해집니다.

그 완성형이 작업공정이 기계화된 '대공업'입니다. 『자본론』 제1권 13장 '기계와 대공업'에는 다음과 같이 쓰여 있습니다.

공장에서는 하나의 죽은 기구가 노동자로부터 독립해 존재하며, 노동자는 이 기구에 살아 있는 부속물로서 합체된다. (중략) 노동자가 노동조건을 사용하는 것이 아니라, 반대로 노동조건이 노동자를 사용한다. (445~446 / 571)

위 문장에서 '죽은 기구'는 과거의 노동으로 만들어진 기계를 말합니다. 마르크스는 이를 '죽은 노동'이라고도 말했습니다. 살아 있는 인간은 '살아 있는 노동'으로서 이 '죽은 노동'에 투입되어 기계의 부속물이 됩니다. 예전에는 인간이 도구를 사용했지만(인간을 위해 도구가 봉사했지만), 대공업 생산 현장에서는 인간이 기계를 위해 사용되는(봉사하는) 것입니다.

1장에서 인간이 상품의 '가치'에 휘둘린다는 이야기를 했고, 2장에서는 '자본의 운동'에 휘둘린다는 이야기를 했는데, 대공업 시대의 노동자는 더 나아가 '기계'에 휘둘립니다. 기계라는 사물과 노동자의 입장이 역전, 전복된다는 의미에서 이것은 바로 생산과정의 '물상화'라고 할 수 있습니다.

생산과정에서 생동감 있게 움직이는 것은 기계이고, 기계는 "살아 있는 노동력을 지배하고 빨아들이는 죽은 노동"(446 / 571)이 됩니다. 이렇게 '정신노동'과 '육체노동'의 분리에 기반한 자본의 지배가 완성됩니다.

> 기계 노동은 신경계를 극도로 피곤하게 하는 한편, 근육의
> 다면적 작용을 억압하고 심신의 모든 자유로운 활동을 봉쇄한다.
> 심지어 노동의 완화조차도 고통의 원천이 된다. 왜냐하면 기계는
> 노동자를 노동에서 해방하는 것이 아니라 노동을 내용에서
> 해방하기 때문이다. (445~446 / 571)

흥미롭게도 이 구절에서는 기계로 인해 노동이 쉬워지는 것조차 노동자에게는 고통의 원천이 된다고 지적하고 있습니다. 왜냐하면 기계가 노동자를 '노동'에서 해방하는 것이 아니라 노동의 '내용'에서 해방하는 것, 즉 내용 없는 단순노동을 강요하기 때문입니다. 내용이 없다는 것은 자신의 손으로 무언가를 만들어 내는 기쁨도, 성취감도, 충실감도 없는, 한마디로 소외된 상태라는 뜻입니다. 그리고 내용이 없으니 언제, 누구와도 대체가 가능하고 노동자의 힘은 점점 약화되는 것입니다.

자본의 지휘·명령, 즉 경영자의 의도에 따라 노동이 실현될 수밖에 없는 상태를 마르크스는 '자본의 전제(專制)'라고 불렀습니다.

자본의 전제가 완성되면 비약적으로 향상된 생산력도 모두 자본가의 것으로 나타난다고 마르크스는 말했습니다. 실제로는 노동자들이 '협동'하여 수행한 노동이 생산력을 높였지만, 그것은 '노동자의 생산력'으로 나타나지 않고 '자본의 생산력'으로 나타납니다. 왜냐하면 노동자들이 자신의 의지로, 자율적으로 협업한 것이 아니기 때문입니다.

노동자가 자동차를 만들 수 있는 것도, 컴퓨터를 만들 수 있는 것도 자본 아래 모여서 그것의 지시에 따라 일하기 때문입니다. 자본의 지휘와 명령 없이는 우리는 더 이상 아무것도 만들 수 없습니다. 이리하여 생산력이 증대될수록 자본의 지배는 오히려 강화된다고 마르크스는 비판한 것입니다.

° 무력한 생산자는 무력한 소비자다

노동자들은 스스로 아무것도 만들 수 없는 무력한 존재가 되어 갑니다. 이는 일상생활에도 큰 영향을 미칩니다. 우리는 동시에 무력한 소비자로 전락하기 때문입니다.

1장에서 자본주의적 합리성을 내면화한 가성비 사고를 하는 사람 이야기를 했습니다. 그들은 자신의 시간을 돈벌이에 사용하고, 그 외의 일은 낭비적이고 비효율적인 일로 여겨 '아웃소싱'합니다. 자본주의 기업들은 거기서 기회를 발견하고 그들을 위해 다양한 서비스를 제공합니다. 실제로 인터넷에서 찾아보면 온갖 서비스가 다 나오죠.

그런 서비스를 이용하는 사람들은 사회적으로 성공하고 돈에 여유가 있는 사람들일 것입니다. 하지만 그들이 자율적이고 능동적인 존재일까요? 그렇지 않습니다. 그들은 오히려 스스로 요리도 할 수 없고, 청소도 할 수 없는, 타인의 돌봄노동에 깊이 의존하는 존재입니다.

요컨대 무력한 소비자는 시장이 제공하는 주어진 상품과 서비스를 선택할 수밖에 없습니다. 물론 돈만 있으면 원하는 메뉴를 자유롭게 선택할 수는 있습니다. 하지만 메뉴에 없는 것은 아무것도 할 수 없습니다. 그런 의미에서 매우 약하고 자유롭지 못한 존재인 셈입니다.

예를 들어, 슈퍼에 가도 손질된 생선이나 회만 살 수 있습니다. 그래서 마트의 생선 코너는 언제 가도 비슷한 생선들뿐이죠. 이렇게 식탁에 오르는 메뉴의 폭도 점점 좁아집니다.

필자가 무력함을 통감했던 때는 독일 유학 시절이었습니다. 어느 날 아파트의 낡은 화장실 변기가 막혔어요. '뚫어뻥'을 써 봤지만 소용없었습니다. 그때 가장 먼저 생각한 것은 수리업체를 부르는 일이었습니다. 하지만 검색을 해 봐도 어떤 업체를 찾아야 할지, 독일어로 뭐라고 하는지 몰랐습니다. 그런데 동거인인 독일인에게 물어보니 "그건 흔한 일이야"라는 답이 돌아왔습니다. 그리고 배수구 배관을 빼서 직접 고쳐 버렸습니다.

독일 사회는 물론 자본주의이지만, 시민들이 스스로 만들고 수리할 수 있는 힘을 갖추고 있다고 느낄 수 있는 장면을 종종 접했습니다. 낡은 자전거나 가구를 자신이 고쳐서 사용하는 '친환경' 사회였습니다. 고장 나면 거액의 수리비를 지불하거나 이를 피하려고 바로 새 제품을 구입하는 일본이 훨씬 더 '자본주의적'이지 않을까요?

° 생산성 향상으로 일자리를 잃다

생산력 증가를 마냥 기뻐할 수 없는 또 다른 이유가 있습니다. 바로 '상대적과잉인구'라는 문제입니다.

기계화가 진행되어 생산력이 두 배로 늘어나면 같은 상품을 생산하는 데 필요한 노동자의 수는 절반으로 줄어듭니다. 경기가 좋아서 '좋아, 생산 규모도 두 배로 늘리자'라는 말이 나오면 모를까, 사회의 수요는 유한하고 어딘가에서 반드시 한계에 부딪히게 됩니다. 그렇게 되면 노동자들은 자본에 필요 없는 존재가 됩니다. 특히 지금 일본처럼 저성장이 지속되는 상황에서 생산력이 더 높아지면 기업은 사정없이 구조조정을 통해 비용 절감을 시도할 것입니다.

그러면 노동시장에는 자본의 수요에 비해 '상대적으로 과잉한' 노동자가 넘쳐 나면서 매수자 우위의 상황이 만들어집니다. 마르크스는 다음과 같이 말했습니다.

> **기계의 자본주의적 사용은 한편으로 노동일의 무제한적 연장에 새로운 강력한 동기를 제공하고, 이 경향에 대한 저항을 분쇄하는 방식으로 노동 양식 자체와 사회적노동 유기체의 성격을 변화시킨다. 다른 한편으로 노동자계급 중 이전에 자본의 손이 닿지 않던 계층을 편입시키고 또는 기계가 쫓아낸 노동자들을 하는 일 없게 만듦으로써, 자본의 명령에 복종하지 않을 수 없는 과잉 노동인구를 만들어 낸다.** (430 / 551)

기계가 육체노동을 대신하게 되면 비숙련노동자뿐 아니라 여성과 어린이 등 '이전에 자본의 손이 닿지 않던 계층'도 일할 수 있게 됩니다. 트랙터와 경운기 등의 도입으로 농업의 공업화는 농촌에 과잉인구를 만들어 많은 젊은이가 도시로 향하게 됩니다. 이들을 노동시장에 '편입'시키면 상대적과잉인구는 점점 더 늘어날 것입니다.

공장 밖에서 '더 낮은 임금을 받고 일하겠다' '더 열악한 노동 조건에서도 일하겠다' '어쨌든 일하게 해 달라'는 사람이 늘어나면 공장 안의 노동자들은 그들에게 일자리를 빼앗기지 않기 위해 필사적으로 더 오래, 더 성실하게 일하게 됩니다.

하지만 얄궂게도 그들이 필사적으로 일할수록 생산력이 높아져 자본가들이 '그렇게 많이 일해 준다면 지금은 100명 체제로 생산하는데 80명 정도면 되겠네'라고 생각하여, 상대적과잉인구는 더 증가하고 맙니다.

> **노동자계급 중 취업자들의 과도 노동은 예비군 대열을 팽창시키는 반면, 예비군이 경쟁을 통해 취업자들에게 가하는 압박의 강화로 취업자는 과도 노동을 하지 않을 수 없고 자본의 명령에 복종하지 않을 수 없다.** (665 / 866~867)

이러한 상황은 실업자와 취업자의 분열을 낳고, 단결할 수 없는 노동자는 자본 앞에서 더욱더 힘이 약화됩니다. 힘이 약해지면 저항할 수 없게 되고, 더 많은 '과도 노동'을 받아들일 수밖에 없게 됩니다. 이 끝없는 악순환의 내막과 문제점을 마르크스가 강한 어조로 비판한 것이 다음 대목입니다.

자본주의 체제 내에서 노동의 사회적 생산력을 높이는 방법은 모두 개별 노동자의 희생으로 이루어지며, 생산을 발전시키는 모든 수단은 생산자들을 지배하고 착취하는 수단으로 전환되어 노동자를 부분적 인간으로 불구화하고 기계의 부속품으로 전락시키며, 노동의 고통으로 노동 내용을 파괴한다. 그리고 과학이 자립적 역능으로 노동과정에 합체될수록 노동과정의 정신적 역능은 노동자로부터 소원해지게 된다. 또 이러한 방법과 수단은 노동조건을 왜곡하고, 노동과정에서 극히 비열하고 혐오스러운 전제 지배에 노동자를 복종시키며, 그의 생활시간을 노동시간으로 전환시키고, 그의 처자를 자본이라는 저거너트의 수레바퀴에 던져 넣는다. (674 / 878~879)

'저거너트(juggernaut)'는 사람들에게 절망적인 희생을 강요하는 거대한 힘이라고 번역하면 될까요? 힌두교 신의 화신(化身) 크리슈나(Krishna)의 별칭인 '자간나트(Jagannath)'가 그 어원인데, 광신도들이 자간나트 동상을 모신 거대한 수레(그림 참조)의 바퀴 아래로 몸을 던졌다는 일화에 비유하여 마르크스는 자본주의의 잔혹함을 단언했습니다.

점점 더 기세를 올리며 돌아가는 자본의 'G-W-G''가 사회를 집어삼키고, 노동자의 삶을 철저히 파괴하고 있습니다. 그런데도 노동자들은 자본주의라는 거대한 수레바퀴에 휘말려 들어가고 있습니다. 혹은 오히려 살기 위해 가족과 자신의 몸을 던

자간나트 동상을 실은 수레.
신앙심이 깊은 힌두교도들이 자간나트의 수레에 치여 죽기를 희망했다는 이야기가
유럽에 전해진다.

져 넣어 가혹한 노동을 감내하고 있습니다.

° '경영자 입장'이라는 거짓말

노동자에게 큰 희생을 강요하는 자본의 저거너트는 지금도 계속 돌아가고 있으며, 그 규모는 더욱 확대되고 있습니다. 자본에 의한 '구상과 실행의 분리'도 점점 더 강화되고 있습니다. 테일러는 노동자들에게 '최대의 노력, 최고의 근면'을 자발적으로 발휘시키려 했지만, 현대의 노동자들은 단순히 근면한 것뿐 아니라 '경영자 입장에서 생각하고 스스로 움직'이도록 강제되고 있습니다. 경영이념이나 매뉴얼을 주입하는 것은 그 때문입니다. 그런데 '경영자 입장에서'라는 말이 마치 경영자처럼 '구상'할 수 있도록 해 준다는 말로 들릴 수 있습니다.

실제로 그런 말에 현혹되어 테일러주의와 같이 노동자의 자발성을 빼앗는 관리 방식은 현대에 와서 극복되었다고 말하는 학자들도 있지만, 이는 잘못된 생각입니다. 왜냐하면 '구상과 실행의 분리'는 전혀 극복되지 않았기 때문입니다. 오히려 지금 일어나는 일은 경영자나 관리자가 '구상'한 이념이나 매뉴얼에 따라, 즉 그들의 입장과 의도를 철저하게 내면화하여 '실행'하라는 것입니다.

본래 구상이란 상황에 따라 자유자재로 판단할 수 있는 능력을 의미합니다. 패스트패션 매장의 점장이 위치나 날씨를 고려해 마네킹에게 입힐 옷을 티셔츠로 할지, 반팔 셔츠로 할지 선택하는 것과 같은 이야기가 아닙니다. 좀 더 자유롭게 타사 화장품이나 신발을 들여와 판매하거나 영업시간, 고객 응대 방식을 바꾸는 것이 '구상'입니다.

그래서 그런 재량권이 주어지지 않은 채 경영자의 입장에서 일한다면, 현대의 노동자는 여전히 '실행'만 하고 있을 뿐 '구상'과는 동떨어져 있는 것입니다. 그런데도 직원이 '나는 실행을 강요당하는 것이 아니다!'라고 생각한다면, 소외감을 느끼지 못할 만큼 자본에 철저히 포섭된 것일지도 모릅니다. 노동자가 자본가 입장에서 '자발적'으로 움직인다면, 자본가로서는 그보다 더 고마운 일은 없을 것입니다.

또 위 논의를 고려한다면 AI나 로봇의 기술 발전 때문에 자유로운 노동이 가능해졌다는 등의 언설도 눈살을 찌푸리게 하는 것임을 알 수 있습니다.

예를 들어, 필자는 코로나 사태로 우버이츠 아르바이트를 체험한 적이 있습니다. 스마트폰을 이용해 원하는 시간에 '자유롭게' 일할 수 있는 새로운 방식, 이는 물건과 서비스를 공유·교환하는 공유경제(sharing economy)의 한 사례로 주목받고 있습니다. 하지만 작업은 요리를 나르는 것뿐입니다. 실제 노동은 길을 모르는 내가 그저 스마트폰 화면의 지시에 따라 배달하는 것뿐입니다.

노동의 내용은 우버의 알고리즘과 스마트폰의 GPS 기능에 의해 결정되고, 요리가 식지 않게 배달하는 것만이 요구됩니다. 구상을 빼앗긴 노동에는 창조성이나 타인과 소통할 여지가 어디에도 없습니다. 그저 배달의 효율성만 높일 뿐입니다. 무엇보다 제대로 일하는지 기계에 의해 감시당하니 오싹하기까지 합니다.

° 불싯 잡

한편, 로봇이 인간의 일자리를 빼앗을 것이라는 오즈번의 예측은 전혀 맞지 않을 것 같습니다. 기술의 발전에도 사람이 아니면 음식을 배달할 수 없듯이 많은 업무는 여전히 로봇에게 맡길 수 없습니다.

예를 들어 편의점 점원의 업무는 매우 다양하며, 그 모든 것을 기계 하나로 대체하기란 거의 불가능합니다. 간병이나 보육과 같이 하나하나가 단순해 보이지만, 실제로는 상대방 니즈에 따라 세세한 요구사항에 유연하게 대응해야 하는 어려운 일, 필수 노동(essential work)을 로봇에게 맡기려 하면 엄청난 비용이 듭니다.

결과적으로 많은 업무에서 사람을 쓰는 것이 더 저렴하기 때문에 로봇의 위협을 두려워할 필요가 없습니다. 오히려 문제는 이런 '사람만이 할 수 있는' 일, 그것도 사회적으로 중요한 일에 종사하는 필수 노동자(essential worker)에게 장시간 노동과 저임금이라는 짐이 지워지는 현실입니다.

동시에, 애초에 사회적으로 그다지 중요하지 않은 일, 당사자조차 의미 없다고 느끼는 고임금 일자리는 오히려 늘고 있습니다. 문화인류학자 데이비드 그레이버(David Graeber, 1961~2020)는 '불싯 잡(bullshit job)'이 광고업과 컨설팅업을 중심으로 최근 급속히 증가하고 있다고 지적했습니다.*

쓸데없는 회의, 서류 작성, 쓸데없는 캐치프레이즈 만들기, 매너 교육. 모두 '불싯 잡'입니다. 이는 생산력이 너무 높아져 무의미한 노동을 억지로라도 만들어 내지 않으면 엘리트들이 주 40시간 이상 일하는 환경을 유지할 수 없는 상태가 되어 간다는 반증입니다. 즉, 케인스의 예측이 빗나간 이유는 자본주의가 무의미한 일자리를 대량으로 만들어 내기 때문이라는 것이 그레이버의 주장입니다.

무익한 고임금 불싯 잡이 넘쳐 나는 반면, 사회에 꼭 필요한 필수 노동자들은 열악한 노동조건을 강요당합니다. 이것이 자본주의가 고도로 발달한 현대사회의 현실입니다. 보람 없는 무의미한 노동도, 가혹한 장시간 노동도 삶을 가난하게 만든다는 점에서는 동일합니다.

* 데이비드 그레이버, 『불싯 잡』(김병화 옮김, 민음사, 2021).—옮긴이

요컨대 이 사회에서는 임금의 차이만 있을 뿐, 사람들 대부분이 노동에서 소외되고 있습니다.

° 자율성을 되찾으라!

하지만 그렇다고 해서 인간이 모든 노동에서 해방되어 일하지 않고도 살 수 있는 사회가 되면 좋다는 뜻은 아닙니다. 마르크스가 원한 것은 인간을 대신해 무엇이든 해 주는 기계나 로봇을 우리가 맥주 한잔 마시며 멍하니 바라보는 그런 미래 사회가 아닙니다.

왜냐하면, 우리가 반복해서 보았듯이, 그가 무엇보다 문제 삼은 것은 구상과 실행이 분리되어 자본의 지배 아래 사람들의 노동이 무내용화되는 것이기 때문입니다. 인간의 노동이라는 풍부한 '부'를 회복하기 위해 마르크스는 구상과 실행의 분리를 극복하고 노동의 자율성을 되찾는 것을 목표로 삼았습니다. 가혹한 노동에서 벗어나는 것뿐 아니라, 보람 있고 풍요롭고 매력적인 노동을 실현하는 것입니다. 즉, 로봇이나 AI로 '노동' 자체를 없애겠다는 발상은 마르크스의 말을 빌리자면 문제의 소재를 잘못 짚는 것입니다.

마르크스가 상상하는 미래 사회의 노동자는 '전면적으로 발달한 개인'입니다. 나사만 조이고 돈만 버는 개인이 아니라, 구상과 실행 모두에서 자신의 능력을 발휘하고, 개개인이 자신의 노동력이라는 '부'를 활용하면서 사회 전체의 '부'를 풍요롭게 만들어 가는 것입니다. 그렇게 함으로써 우리는 서로를 지지하면서 자율적으로 살아갈 능력과 감수성을 되찾을 수 있고, 그것이 바로 소외를 극복하는 길이라고 마르크스는 생각했습니다.

° 소외를 극복하기 위해

불싯 잡이 만연한 현대사회의 상황에 비추어, 한 걸음 더 나아가 말하면, 사회를 풍요롭게 하는 진정한 혁신에 필요한 것이 소외 극복이 아닐까 합니다.

혁신에는 우리의 삶을 풍요롭게 하고, 혹은 편리하게 한다는 이미지가 있습니다. 하지만 우리 주위에 있는 냉장고, TV, 세탁기 같은 상품은 반세기 정도 거의 변화가 없습니다. 심지어 스마트폰의 새로운 기종조차 더 이상 대체할 수 없을 만큼 변하지 않았습니다. 오히려 냉장고도, 전자레인지도, 스마트폰도 불필요한 기능만 늘고 있습니다. 개발하는 사람들도 쓸모없다고 느끼는 게 틀림없습니다.

이렇게 혁신이 정체되는 한 요인이 바로 지나친 구상과 실행의 분리, 즉 과도한 분업입니다. 개발자가 현실의 생산자나 이용자와 동떨어진 곳에서 자본주의 상품 개발 속도에 맞춰 억지로 지혜를 짜내는 행위를 반복하다 보면 아이디어는 점차 고갈되고, 소소한 변화만 남습니다. 그리고 이를 정당화하려고 마치 대단한 발명품인 양 선전하거나, 그러한 정체를 극복한다는 명목으로 광고업이나 컨설팅업이라는 불싯 잡이 양산되는 것입니다.

패러다임을 전환할 수 있는 진정한 혁신을 위해서는 노동자 스스로 단기 실적과 성과만을 우선시하는 과도한 경쟁과 거리를 두고 다양한 발상과 대담한 도전을 자유롭게 할 수 있는 환경을 조성해야 하지 않을까요? 흔히들 모두가 평등한 사회주의에서는 혁신이 정체된다고 말하지만, 그 반대의 가능성도 충분히 있습니다.

° 급식을 지키려는 노력

마지막으로, 구상과 실행의 분리를 극복하고 노동의 자율성을 되찾아 부의 풍요를 되찾은 사례로 일본의 '급식'에 대한 노력을 소개하고자 합니다. 이를 알려 준 것은 농업사 연구자 후지하라 다쓰시(藤原辰史)가 저술한 『급식의 역사』(2018)입니다.

일본 학교급식의 역사는 1889년(메이지 22년) 야마가타현 니시타가와군 쓰루오카초[山形県 西田川郡 鶴岡町. 현재 쓰루오카시(鶴岡市)]의 사립 주아이(忠愛) 초등학교에서 시작되었다고 합니다.

급식은 식생활 교육이라는 측면 외에 빈곤 대책으로서도 사회적으로 중요한 역할을 담당했습니다. 각자가 가져온 도시락에는 가정의 경제 사정이 고스란히 드러납니다. 이는 영양부족뿐 아니라 왕따의 원인이 되기도 합니다. 급식은 배움의 평등을 위해 중요한 제도입니다.

그런 급식이 전후에 정치적으로 이용되기 시작합니다. 미국이 자국에서 남는 밀과 탈지분유의 판로로 점령지이던 일본의 급식에 눈을 돌린 것입니다. 급식으로 빵을 먹여 아이들의 입맛을 바꾸면 대량의 밀을 꾸준히 판매할 수 있습니다. 일종의 '자본에 의한 포섭'이라고 할 수 있습니다. 실제로 전후 쌀 소비량은 계속 줄고, 우리는 빵과 파스타를 더 선호하게 되었습니다.

이러한 자본에 의한 식생활 포섭으로 급식 현장에서 구상과 실행의 분리가 진행된 것은 1960년대부터입니다. 예전에는 학교마다 급식실이 있고, 전문 조리사가 따뜻한 음식을 손수 만들어 먹였습니다. 이를 '자교(自校) 방식'이라고 합니다.

1961년 학교제도조사회에서 '급식의 완전 실시를 위해서는 센터 방식이 가장 합리적'이라고 보고한 이후, 효율화와 비용 절감을 위해 수십 개 학교의 급식을 한꺼번에 만드는 '급식 센터'가 설치되었습니다. 조리사나 영양사 수를 줄여 비용을 절감했던 것입니다. 센터 방식의 도입은 빠르게 진행되어 1963년 전국에 32개소이던 센터가 1975년에는 2039개소까지 늘어났습니다.

기계화된 센터에서 '생산'되는 급식은 조리법이 제한적이기 때문에 메뉴도 한정적이고, 센터에서 각 학교로 운반되는 동안 완전히 식어 버리는 경우가 많습니다. 조리 작업을 간소화하기 위해 도입된 냉동·가공식품은 영양가가 떨어질 뿐 아니라 첨가물이 들어가기도 합니다. 효율을 우선하다 보니 당연히 맛은 떨어질 수밖에 없습니다.

급식소에서 위생 문제가 발생하면 식중독이 수십 개 학교로 확산될 위험도 있습니다. 최근에도 2020년 사이타마현 야시오시(埼玉県 八潮市)의 15개 초중고교 학생과 교직원 약 7000명 중 절반에 가까운 3453명이 식중독 증세를 호소하는 사건이 발생했는데, 이곳들도 센터식 급식이었습니다.

효율성을 우선시한 센터 방식은 각 학교 급식실에서 구상을 빼앗고, 요리하는 실행도 박탈하고, 운반된 급식을 배식하는 단순 업무에 가둬 버렸습니다. 그 결과 맛과 안전이라는 사용가치도 열악하게 되었습니다.

하지만 중앙집권화 흐름에 저항하며 학교 자체 방식으로 아이들의 먹거리와 먹거리를 통한 자치를 지켜 온 사례도 있습니다. 자교 방식을 채택한 학교에서는 급식의 영양 관리를 담당하는 직원을 자체적으로 배치합니다. 영양가나 맛뿐 아니라 향토 요리 등을 도입해 메뉴를 다양화하거나 지역 유기농 농가와 연계해 로컬푸드의 풍부한 급식을 지향하는 등 식육(食育)*과 지역 진흥에도 신경을 쓴 사례도 있습니다.

물론, 로컬푸드나 유기농을 고집하면 계절에 따라 사용할 수 있는 식재료가 한정되기 때문에 영양사나 조리원에게 그에 상응하는 지식과 유연성이 요구되지만, 그런 급식을 기대하며 기다리는 아이들의 모습은 일하는 사람들의 보람으로 이어지기도 합니다.

기계화, 매뉴얼화된 자본주의적 생산방식의 센터 급식으로 인해 잃어버린 것의 크기와 자교 방식이 실현한 먹거리의 풍요의 대비는 우리가 미래 사회를 위해 선택해야 할 길을 보여 줍니다.

젊은 마르크스가 요구했던 것처럼 '인간적 및 자연적 존재의 부 전체에 적응하는 인간적 감각'을 되찾아야 할 것입니다. 그러려면 자본의 전제와 노동의 소외를 극복하고 노동의 자율성과 풍요를 되찾는 '노동의 민주주의'를 확장해야 합니다.

하지만 이를 위해서는 노동의 소외를 극복하는 것만으로는 충분하지 않습니다. 자연에서의 소외도 극복해야 합니다. 다음 장에서는 이 점을 살펴보겠습니다.

---

* 식육: 먹거리에 관한 지식과 먹거리를 잘 선택하는 힘을 습득해 건강한 식생활을 할 수 있도록 교육하는 것을 뜻한다.―옮긴이

녹색
자본주의라는
우화

Das Kapital.

° 자본의 약탈욕이 자연에도 미친다

자본주의에서 인간의 '노동'이 어떻게 왜곡되는지 2장, 3장에서 자세히 살펴보았습니다. 이 장에서는 현대자본주의의 또 다른 큰 문제인 환경 위기를 생각해 보겠습니다. 이를 위해 다시 한번 마르크스의 '물질대사론'으로 돌아가겠습니다.

인간은 끊임없이 자연과 상호작용하며 살아가는데, 그 '작용'이 바로 인간의 노동입니다. 그런데 자본주의에서 노동이 가치 증식을 위해 행사되면서, 인간의 노동력은 조잡하게 취급받게 되었습니다.

노동이 왜곡되면 당연히 인간뿐 아니라 자연에도 여러 문제가 발생합니다. 실제로 "노동자의 수명을 조금도 고려하지 않는"(281/358) 자본이 자연의 수명도 고려하지 않는 점은 쉽게 상상할 수 있을 것입니다.

그럼에도 마르크스는 미래의 기술혁신 가능성에 대해 매우 낙관적이었으며, 환경문제도 기술로 해결할 수 있다며 환경문제에 전혀 주의를 기울이지 않았다고 비판받아 왔습니다. 하지만 물질대사론을 논의의 밑바탕에 깔고 보면, 마르크스가 자본주의와 자연의 관계를 시야에 넣고 있었다는 사실이 자연스럽게 드러납니다.

실제로 최근 들어 마르크스의 환경 사상을 뒷받침하는 새로운 자료도 출간되고 있습니다. 이러한 연구를 바탕으로 이 장에서는 자본주의가 야기하는 환경문제에 대해 생각해 보겠습니다.

° '자본세'의 불합리한 불평등

최근 들어 일본에서도 많이 보도되듯이, 글로벌 자본주의의 폭주가 초래한 세계적인 환경파괴는 매우 심각한 상황입니다. 예를 들어, 1990년 이후 인류가 사용한 화석연료의 양은 이전까지 인류가 소비한 양의 절반에 해당합니다. 이러한 화석연료의 대량소비가 기후변화를 야기하고 있습니다. 파키스탄의 대홍수, 캘리포니아의 산불, 아프리카의 가뭄, 빙하와 빙상의 해빙에 따른 해수면상승. 일본에서도 장마철 집중호우와 태풍의 대형화 등 기후변화의 영향을 무시할 수 없게 되었습니다.

또 육식 위주의 생활이 과도한 삼림파괴를 유발해 생물다양성이 상실되고 있습니다. 이것이 신종바이러스 팬데믹의 원인이기도 했다는 것은 많은 과학자가 지적한 바 있습니다.

이제 환경파괴는 돌이킬 수 없는 지경에 이르렀습니다. 자본주의가 지구의 모습을 근본적으로 바꾼 상황을 강조하기 위해 지질학 개념을 이용해 '인류세 또는 인신세(人身世, Anthropocene)'가 아니라 '자본세 또는 자본신세(資本新世, Capitalocene)'라 부르는 연구자들도 있습니다.

자본세의 세계에는 당연히 큰 불평등이 존재합니다. 지구 전체를 파헤쳐 비즈니스의 도구로 삼는 자본주의의 대가를 치르는 것은 미래를 짊어질 젊은 세대와 발전도상국에 사는 가난한 사람들이기 때문입니다. 개인 제트기나 호화 크루즈를 타고 다니는 초부유층은 자신들이 환경 위기의 큰 원인인데도 그 책임을 다하지 않습니다. 그들은 자신들은 안전하다고 생각할지도 모릅니다.

그렇다면 걱정이 됩니다. 이대로 자본주의에 인류의 미래를 맡겨도 정말 괜찮을까 하는 생각이 듭니다. 자본주의가 멋진 신기술을 속속 개발해 지구를 구할 수 있을까요?

° "대홍수여, 내가 죽은 다음에 오너라!"

마르크스에게 생태학적 발상의 원천이 된 것은 동시대 뮌헨 대학교에서 가르치던 화학자 유스투스 폰 리비히가 쓴 『농업과 생리학에 대한 유기화학의 응용』(통칭 『농예화학』 제7판, 1862)이라는 책입니다.

근대 농업이 최대한 많은 수확량(이윤!)을 얻기 위해 단기간에 토양의 영양분을 빼앗고, 또 토양에 영양분을 보충하지 않는 것은 "약탈" 행위라고 리비히는 준엄하게 비판했습니다. 그리고 이런 농업경영이 계속되면 나라의 근간인 대지가 피폐해지고 문명이 쇠퇴할 것이라고 경종을 울렸습니다. 전에는 '화학비료로 문제를 해결할 수 있다'고 낙관적인 주장을 펼쳤던 유명 화학자의 이와 같은 '전향'은 당시 세상에 큰 충격을 주었습니다.

마르크스도 예외는 아니었습니다. 리비히의 약탈적 농업론에 감명받은 마르크스는 이 책에 대해 매우 꼼꼼한 연구 노트를 작성했습니다. 그리고 『자본론』에서도 자연의 남용으로 인한 토양의 피폐가 결국 사회의 물질적 기반을 위협하게 될 것이라고 경고했습니다.

이윤에 대한 맹목적 탐욕이 한 경우에는 토지를 피폐시키고, 또 한 경우에는 국민의 생명력을 뿌리째 파괴했다. (253 / 318~319)

자본에 의한 약탈의 문제를 파고들어 '토지'의 약탈과 '생명력'의 고갈은 그 근원이 같다고 지적하는 것을 알 수 있습니다. 둘 다 원흉은 무제한 증식을 목표로 하는 자본의 '맹목적 약탈욕'이라고 단언하고 있습니다.

또 자본주의적 농업경영을 지탱하는 대토지 소유를 분석한 『자본론』제1권 13장 '기계와 대공업'의 한 절에서는 이러한 약탈이 인간과 자연의 물질대사를 '교란'하고 '도시와 농촌의 대립'을 낳는다는 점도 시사했습니다.

자본주의 생산은 도시인구를 대도시에 집중시키면서 한편으로는 사회의 역사적 원동력을 집적시키지만, 다른 한편으로는 인간과 토지 사이의 물질대사를 교란한다. 즉, 인간이 음식과 의복의 형태로 소비한 토지 성분들을 토지로 복귀시키는 것, 즉 토지 비옥도를 지속할 영구적인 자연조건을 교란한다. 그리하여 자본주의 생산양식은 도시 노동자의 육체적 건강과 농촌 노동자의 정신생활을 동시에 파괴한다. (528/682)

최대한 빨리 많은 돈을 벌려는 자본의 농업생산은 무모한 연작(매년 같은 작물을 재배하는 것)을 강행합니다. 그러나 식물이 빨아들인 영양분을 토양이 다시 회복하는 데에는 시간이 걸립니다. 자본주의는 가속되지만 자연의 순환은 변하지 않습니다. 그리하여 자본의 시간과 자연의 시간 사이에는 커다란 괴리가 생깁니다. 그 결과가 토양 피폐입니다. 토지는 척박해지고, 수확량은 감소하고 맙니다.

마르크스는 토양 피폐 외에도 임업을 예로 들어 이 문제를 다뤘습니다. 나무가 자라는 데에는 수십 년이 걸립니다. 하지만 자본주의는 나무가 자랄 때까지 수십 년이라는 긴 시간을 기다릴 수 없기 때문에 삼림을 차례로 벌목합니다. 게다가 그 속도는 기술혁신으로 점점 더 빨라지고, 자본의 힘은 점점 오지에까지 미치게 됩니다. 이리하여 황무지가 넓어집니다.

토양 피폐도 산림황폐화도 자본은 그 책임을 지지 않습니다. 자연의 시간에 맞추지 못하는 자본은 만들 수 있는 만큼 만들어서 '상품'으로 팔아 치우고, 그다음은 어떻게 되든 상관없습니다. "대홍수여, 내가 죽은 다음에 오너라!"(285/365)가 자본가의 슬로건입니다. '상품'의 소비 장소인 도시의 삶은 풍요로워지지만, 그 이면에서 지방은 토양 피폐와 경관 파괴라는 대가를 치르며 삶은 가난해집니다.

그러나 마지막 문장이 지적하듯, '상품'의 혜택을 누리는 도시에서도 노동자들은 자본이 강요하는 장시간 노동으로 육체적 건강이 파괴되고 있습니다. 결국 자본주의는 진정한 의미의 인간적 부를 빈곤하게 한다*고 마르크스는 말했습니다.

* 부를 빈곤하게[가난하게] 한다: 이 표현은 건강, 행복, 아름다운 환경 등을 자본주의가 파괴한다는 의미이다.—옮긴이

° 회복 불가능한 균열

마르크스는 19세기 토양 피폐의 문제를 중심적으로 다뤘지만, 오늘날에도 화석연료와 희소금속 채굴, 무분별한 아마존 열대우림 파괴 등 다양한 형태로 자연을 약탈하는 행위가 계속됩니다.

19세기 산업도시가 지방의 농촌에 대가를 치르게 했듯이, 선진국의 방만한 생활은 그 대가를 발전도상국과 신흥국에 떠넘기고 있습니다. 환경파괴의 대가를 미래세대에 떠넘기는 태도는 그야말로 "대홍수여, 내가 죽은 다음에 오너라"라는 식입니다. 이것을 '외부화'라고 합니다.

브라질의 아마존 삼림과 세하두(Cerrado) 열대초원 지대 대부분이 수목 벌채와 정지(整地) 탓에 목초지나 농지로 급속하게 바뀌고 있습니다. 그 이유는 무엇일까요? 선진국의 식탁에 오르는 수출용 소와 그 사료를 생산하기 위해서입니다. 또 스마트폰과 컴퓨터에는 남미와 아프리카에서 생산되는 대량의 희소금속이 사용되고 있습니다. 게다가 종종 노예노동이나 아동노동과 같은 인권침해를 동반하기도 합니다[ILO(국제노동기구)는 현재 노예 상태에 있는 사람들이 5000만 명이나 된다고 추정합니다].

물론 일본에서도 외부화가 이루어지고 있습니다. 예를 들어, 일본은 세계 2위의 목재 수입국으로서 필리핀, 말레이시아, 인도네시아 등 동남아시아 국가나 시베리아에서 엄청난 양의 목재를 수입해 왔습니다. 이것은 모순입니다. 일본은 국토의 약 70퍼센트가 삼림으로서, 삼나무와 편백나무가 벌채되지 않아 산이 황폐해질 정도로 산림자원이 풍부한데도 해외에서 값싼 목재를 대량으로 수입해 국내 임업을 쇠퇴시키고 있기 때문입니다. 싸다는 이유로 일부러 이산화탄소를 배출하면서까지 대량으로 수입해 다른 나라의 산림을 파괴해 왔습니다.

이런 방식은 지속 가능하지 않습니다. 오히려 인간과 자연의 물질대사는 지구적 차원에서 크게 왜곡되어 있습니다. 이런 상황을 예측한 마르크스는 『자본론』 제3권 초고에서 '물질대사의 균열'에 대해 다음과 같이 썼습니다.

대토지 소유는 사회적인 물질대사와 자연적인, 즉 토지의 자연법칙에 의해 규정된 물질대사의 연관에 회복 불가능한 균열을 발생시키는 조건들을 만들어 내며, 그 결과 지력이 낭비되고, 이 낭비는 무역에 의해 한 나라의 국경을 넘어 멀리까지 확대된다(리비히).*

자본주의의 끝없는 운동은 일부 국가의 일부 사람에게 유리한 독점적 형태('대토지 소유')로 전 세계를 상품화합니다. 세계화의 결과, 한 국가의 '도시와 농촌의 대립'은 국경을 넘어 확대

* 카를 마르크스, 『자본론』 제3권(김수행 옮김, 비봉출판사, 2015), 1030쪽.—옮긴이

chapter 4 _____

되고 있습니다. 그런데 자본주의는 가치 증식을 '무한'하게 추구하지만, 지구는 '유한'합니다. 자본은 항상 비용을 '외부화'하는데, 지구가 유한한 이상 '외부'도 유한합니다.

소련 붕괴 이후 자본주의 세계화가 점점 가속되면서 환경 위기 또한 세계화되었고, 이 위기와 무관하게 지낼 수 있는 장소가 지구에는 더 이상 남지 않은 지경에 이르렀습니다. 실제로 일본과 같은 선진국에서도 기후 위기의 영향이 슈퍼태풍과 폭염으로 확실하게 나타나고 있습니다. '물질대사의 균열'은 돌이킬 수 없을 정도로 깊어지고 있습니다.

° '복잡성'의 파괴

인간과 자연의 물질대사는 본래 원을 그리는 듯이 이루어지는 순환적 과정입니다. 그러나 자본의 운동은 항상 일방적입니다. 노동자와 자연으로부터 일방적으로 빼앗고, 그 비용도 일방적으로 외부에 떠넘깁니다.

하지만 현실의 생태계 시스템은 복잡하게 얽혀 있기 때문에 어느 한 곳에서 문제가 생기면 연쇄적으로 여기저기서 문제가 생기고 맙니다. 그런데 자본주의는 그런 복잡성이나 상호 연관성에는 무관심합니다. 화폐는 모든 것에 가격표를 붙임으로써 모든 것을 비교 가능하고 교환 가능하게 만들어 버립니다. 이는 편리하기도 하지만, 그러한 단순화는 종종 매우 폭력적일 수 있습니다. 본질적으로 비교할 수 없는 부와 사용가치를 가치라는 하나의 추상적 척도로 측정해 버리기 때문입니다.

생태계의 상호 연관성과 자본의 가치 증식 과정은 전혀 다른 논리로 작동하기 때문에 두 과정 사이에 큰 괴리가 생기는 것은 피할 수 없습니다. 모든 것을 상품화하고 상품의 '가치'라는 일면에만 주목하여 움직이는 자본의 '단순화된' 논리로는 인간을 포함한 생태계의 '복잡한' 과정을 파악할 수 없습니다.

그것은 우리도 마찬가지입니다. 가성비에 민감한 우리는 스테이크 고기와 컴퓨터의 가격표는 열심히 보지만, 우리의 삶을 채색하는 다양한 사물의 '진정한 비용'을 보지 못합니다. 그 쇠고기가 어떻게 만들어졌는지, 그 과정에서 얼마나 많은 온실가스가 배출되었는지에는 관심이 없습니다.

바로 이런 단순화야말로 가속화된 자본축적의 전제가 되기도 합니다. 하지만 그것이 물질대사의 '균열'로 인한 환경 위기를 낳았고, 현재 상황은 '보이지 않는다' '모른다'로 끝날 수 없는 지경에 이르렀습니다.

오해하지 않기를 바라지만, 자본주의가 우리 삶을 풍요롭게 하는 측면이 있는 것은 마르크스도 물론 부정하지 않았습니다. 하지만 이윤을 내기 위해서만, 앞으로도 맹목적으로 생산력을 높여만 간다면 지구라는 인류의 공유재산을 미래까지 관리해 나가는 데 큰 걸림돌이 될 수 있습니다.

이 점에 대해 마르크스는 『정치경제학 비판』(1859년)*의 유명한 구절에서 다음과 같이 말했습니다.

사회의 물질적 생산력은 일정한 발전단계에 이르면, 그 과정에서 지금까지 움직여 온 기존의 생산관계, 또는 그 법적 표현에 불과한 소유관계와 모순된다. 이러한 관계는 생산력의 발전 형태에서 그 질곡으로 전화한다. 이때 사회혁명의 시대가 시작된다. (『전집』 제13권 6쪽)

자본주의는 지구환경을 파괴하지 않고는 이미 생산력을 더 이상 발전시킬 수 없습니다. 사적소유와 이윤추구 아래 약탈을 반복하는 시스템에서는 누구의 것도 아닌 지구환경을 지속 가능한 형태로 관리할 수 없습니다. 이는 자본주의가 더 나은 사회발전에 '질곡'이 된 상태입니다.

인간과 자연의 물질대사 사이의 '회복 불가능한 균열'이 문명을 파괴하기 전에 혁명적 변화를 일으켜 다른 사회 시스템으로 이행해야만 한다고 마르크스가 생각한 것은 이 때문입니다.

* 칼 마르크스, 『정치경제학 비판을 위하여』(김호균 옮김, 중원문화, 1988), 7쪽.—옮긴이

° 자연의 포섭은 멈추지 않는다

그러나 이러한 '질곡'에 직면해도 자본주의는 멈추지 않습니다. 오히려 자본은 겉으로 환경대책을 내세우면서 자연의 상품화에 박차를 가하고 있습니다. 앞 장에서 노동이 자본 밑으로 포섭되면서 노동자들이 지닌 능력이 해체되는 과정을 살펴보았습니다. 농업에서도 비슷한 일이 현재진행형으로 일어나고 있습니다.

예를 들어, 20세기에 들어서면서 토양 피폐를 극복하고 농업 생산성을 더 높이기 위해 화학비료와 농약이 대량으로 사용되었습니다. 현재 일본에서는 유기농 재배가 전체 농지의 0.6퍼센트에 불과하며, 화학비료와 농약이 필수적인 생산 조건이 되었습니다. 물론 농부들은 스스로 화학비료와 농약을 만들 수 없기 때문에 상품으로 구입해야 합니다. 이렇게 대기업이 제공하는 기술과 상품에 일반 생산자들이 의존하게 되었습니다.

하지만 생산력을 높이기 위해 화학비료에 너무 의존하면 토양의 수분 보유력이 떨어지고, 토양이 빨리 피폐될 수 있습니다. 또 농약을 너무 많이 사용하면 식물이 병에 걸리기 쉬워지거나 농약에 내성을 갖는 슈퍼잡초가 등장합니다.

한 가지 균열을 극복하기 위해 점점 더 많은 비료와 새로운 농약이 필요하고, 이는 또 다른 균열을 낳는 악순환을 낳습니다. 그러나 이것이 바로 자본에는 새로운 비즈니스 기회가 됩니다.

축산업의 호르몬제, 항생제 등도 마찬가지입니다. 더 빨리 키우고 싶고, 더 많은 고기를 얻고 싶은 자본의 관점에서 생산과정의 재편이 진행되고 있습니다. 지나친 공장형축산 탓에 동물들의 생육환경이 악화되고, 수질오염과 감염병, 경관 파괴가 이어집니다.

하지만 자본주의는 멈추지 않습니다. 생산성을 더욱 높이기 위해 자연 자체에 개입하는 정도가 최근 들어 점점 더 심해지고 있습니다. 유전자 변형, 게놈 편집, 배양육(培養肉) 등 생명공학은 농업과 축산업에 점점 더 큰 영향을 미치고 있습니다.

하지만 이윤을 우선시하여 자연의 존재 방식 자체를 변화시켜 버리는 기술을 과연 받아들일 수 있는지는 논란의 여지가 있습니다. 그런 최신 기술을 개발할 수 있는 것은 대기업뿐이며, 생명의 근간인 먹거리를 몇몇 기업이 독점하는 미래는 피해야 합니다.

오늘날 일본의 농업인구는 급속하게 감소되고 고령화되었습니다. 2000년에 약 240만 명이던 농업 종사자가 지금은 140만 명을 밑돕니다. 이런 사태도 농업의 공업화에 박차를 가하고 있습니다.

앞으로 스마트농업을 통해 드론 활용과 같은 기계화, 자동화가 더욱 진행될 것입니다. 센서와 카메라, 자동제어시스템을 도입해 농작물이나 가축의 생육환경 측정, 관리 시설의 제어를 자동화하고 있습니다.

또 사물인터넷(IoT) 기기로 취득한 데이터를 축적, 분석해 재배에 필요한 기술, 지식, 판단 등이 수치화될 것입니다. 이렇게 하면 지식과 경험에 의존하지 않는 재현성에 근거한 생육 관리 체제를 구축해 경험이 없는 학생 아르바이트생이나 외국인 기능 실습생을 중심으로 한 농업의 '비숙련화'가 진행될 것입니다. 앞 장에서 살펴본 공장에 침투한 테일러주의와 같은 이치이죠. 미국에서 가장 큰 농장경영자가 마이크로소프트 창업자 빌 게이츠인 사실은 우연이 아닙니다.

스마트농업을 개발하고 도입하려면 상당한 규모의 자본이 필요합니다. 기존의 소규모 농가는 도태되고 전통적 지식과 경험은 해체되며 대규모 농업으로 집중화가 진행될 것입니다.

설령 농업의 공업화로 생산효율이 크게 높아져 '돈벌이가 된다'고 해도 그것이 지속 가능할지는 또 다른 문제입니다. 북미나 남미 상황을 보면, 오히려 이윤을 우선하는 농업 비즈니스(농업 관련 산업) 방식이 확산되면서 농업 분야에서 불평등이 확대되고 '물질대사의 균열'이 심화될 가능성이 높습니다.

° 생태학으로 경도되다

이러한 문제의식을 이해하면 왜 마르크스가 자연과학 분야의 지식을 열심히 공부했는지 쉽게 이해될 것입니다. 실제로 마르크스는 리비히의 저서를 시작으로 농화학, 식물학, 지질학, 광물학에 이르기까지 놀라울 정도로 다양한 분야를 섭렵했습니다.

그럼에도 마르크스의 자연과학 연구는 최근까지 연구조차 되지 않은 채 오랫동안 무시되었습니다. 그것이 알려진 계기는 새로운 『마르크스-엥겔스 전집』의 출간을 목표로 진행되는 '메가(MEGA, Marx-Engels-Gesamtausgabe)'라는 국제적 프로젝트입니다.

MEGA는 원래 소련과 동독에서 시작된 프로젝트이지만, 1990년대 이후에는 각국에서 많은 연구자가 참여해 최종적으로 100권이 넘는 대규모 프로젝트입니다. 이미 출간된 저작뿐 아니라 초고나 마르크스가 쓴 신문 기사, 편지, 메모 등을 모두 망라하는 것을 목표로 하는데, 그중에서도 특히 중요한 것은 MEGA 제4부로, 처음 간행되는 방대한 양의 연구 노트입니다.

마르크스에게는 연구 분야의 문헌을 읽을 때 필요하다고 생각하는 부분을 철저하게 발췌 노트하는 습관이 있었습니다. 마르크스는 베를린대학교에서 공부하던 열아홉 살 때 아버지 하인리히 마르크스에게 보낸 편지에서 "읽은 책들 모두에 발췌 노트를 만드는 습관을 몸에 붙였다"라고 말했습니다(1837년 11월 10일 자 편지). 마르크스는 평생 이 습관을 지켰습니다.

필자는 MEGA 제4부 제18권의 편집을 담당했는데, MEGA로 정리된 형태로 간행된 것이 바로 이 자연과학 연구 노트입니다

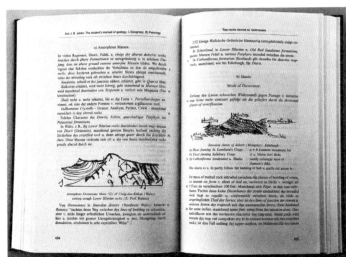

지질학 연구 노트의 초고[1878년 3~9월 마르크스가 영국의 지질학자 J. B. 주크스(J. B. Jukes, 1811~1869)의 『학생을 위한 지질학 매뉴얼』(Student's Manual of Geology, 제3판, 1872)에서 발췌 필기한 부분이다(아래 사진). 이 발췌 노트는 2011년 MEGA 제4부 제26권 으로 출판되었다(위 사진).─옮긴이].

마르크스가 과학 연구에 몰두했음을 알 수 있다(촬영: 나루미 데쓰야).

(152쪽 사진). 이 노트를 읽어 보면 마르크스가 토양 피폐 문제 말고도 삼림의 과도한 벌채와 석탄 자원의 고갈, 품종'개량'으로 인해 동물들이 쉽게 질병에 걸리는 현상에 대해서도 깊은 관심을 보였다는 것을 알 수 있습니다. 예를 들어, 마르크스는 양들의 건강을 위협하고 인간에 대한 유용성 외에는 고려하지 않는 품종개량에 대해 "역겹다!"라고 혐오감을 드러냈습니다(자세한 내용은 졸저 『대홍수 전에』*를 참조하시기 바랍니다).

이것은 어떤 의미에서 충격적인 사실입니다. 왜냐하면 이제까지 마르크스의 관심사에는 자연 그 자체에 가치를 인정하는 환경 사상이나 환경윤리는 존재하지 않는다고 비난받았기 때문입니다. 그는 생산력 지상주의자, 즉 생산력만 올리면 환경문제나 빈곤 문제 등 사회문제 대부분을 해결할 수 있다는 소박한 사고방식의 소유자라고 반복해서 비판받아 왔습니다.

하지만 발췌 노트를 살펴보면 마르크스는 오히려 자본주의에서 자연의 수탈이 심화되는 과정에 세심한 주의를 기울였음을 알 수 있습니다. 이러한 통찰을 바탕으로 『자본론』 제3권 초고에서 마르크스는 자본주의에서는 물질대사의 균열이 "수복

---

* 『대홍수 전에』(『大洪水の前に: マルクスと惑星の物質代謝』, 角川文庫, 2022)는 저자가 2014년 베를린훔볼트대학교에 제출한 박사논문(Natur gegen Kapital, Frankfurt am Main: Campus, 2016)과 그 영어판[Karl Marx's Ecosocialism, New York: Monthly Review Press, 2017의 한국어판은 다음이다. 『마르크스의 생태사회주의』(추선영 옮김, 두번째테제, 2020)]을 저본으로 그 후 출판한 논문도 추가해서 수정 보완한 것이다.—옮긴이

불가능"하다고 단언했던 것입니다.

또 『자본론』 출간 후 1868년 이후의 노트를 보면, 과도한 삼림 벌채로 인해 기후변화가 일어나고 토착 농업과 문명이 붕괴했다는 독일 농학자 카를 니콜라우스 프라스(Carl Nikolaus Fraas, 1810~1875)의 저술에 큰 영향을 받았음을 알 수 있습니다. 그리고 자연의 약탈을 비판하고 '지속 가능한' 삼림과의 관계 방식을 추구한 프라스의 주장에서 마르크스는 "무의식적인 사회주의적 경향"을 발견했습니다. 실제로 당시 리비히와 프라스 같은 과학자들은 지속가능성의 문제를 고민하면서 자본주의의 무한한 가치 증식에 제약을 가하고 좀 더 합리적인 계획성에 기반한 생산 체제로의 이행을 추구했습니다.

이러한 최신 자연과학의 논의에 자극받아 만년의 마르크스는 다가올 포스트자본주의사회의 모습을 지구환경의 지속가능성 문제와 결부해 구상하고자 했습니다. 이를 최근에는 '생태사회주의(ecosocialism)'라고 부릅니다. 단순히 사람들의 경제적 평등뿐 아니라 자연과의 물질대사의 합리적 관리를 지향하는 것이 생태사회주의입니다. 그리고 이 생태사회주의가 자본주의로 인한 전 지구적 환경 위기의 시대에 재평가되고 있습니다.

° 『자본론』에 수록되지 않은 만년의 사상

어소시에이트한 생산자들이 맹목적 힘에 지배당하는 것처럼 자신과 자연과의 물질대사에 지배당하는 것이 아니라, 이 물질대사를 합리적으로 규제하고 자신들의 공동적 제어 아래 두는 것, 즉 최소한의 힘을 소비해 자신들의 인간성에 가장 잘 부합하고 가장 적합한 조건에서 이 물질대사를 수행하는 것.*

마르크스는 『자본론』 제3권 초고에서 이와 같이 말했습니다. 자본주의를 대체하는 새로운 사회에서 중요한 것은 '어소시에이트'한 노동자가 인간과 자연의 물질대사를 합리적으로, 즉 단기적으로 소모하는 것이 아니라 장기적으로 지속 가능한 형태로 제어하는 것이라고요.

'어소시에이트'한다는 것은 공통된 목적을 위해 자발적으로 결합하고 협동한다는 의미입니다. 그 내용에 대해서는 다음 장부터 자세히 살펴보겠지만, 이 인용문에도 '생태사회주의' 관점이 담겨 있음을 알 수 있습니다.

하지만 그것을 '어떻게' 구현하고 '균열'을 수복할지에 대해서 『자본론』에는 구체적으로 나와 있지 않습니다. 필자도 대학 1학년 겨울방학 때 의기양양하게 『자본론』에 도전했지만, 미래

---

* 카를 마르크스, 『자본론』 제3권(김수행 옮김, 비봉출판사, 2015), 1041쪽.—옮긴이

사회의 모습에 대한 설명이 전혀 없어 허탈해했던 기억이 지금도 생생합니다.

왜 쓰이지 않았을까요? 그 이유 중 하나는 『자본론』이 '미완성'이기 때문입니다. 『자본론』 제1권이 출간된 것은 1867년입니다. 그 뒤 더 많은 연구와 사색을 하면서 15년에 걸쳐 제2권의 초고를 제8 초고까지 썼지만, 결국 완성하지 못한 채 마르크스는 세상을 떠났습니다.

그럼에도 제8 초고까지 일곱 번이나 고쳐 쓴 『자본론』 제2권은 완성에 상당히 접근했습니다. 반면, 이와 병행하여 집필한 『자본론』 제3권의 정돈된 초고는 1864년부터 1865년에 걸쳐, 즉 『자본론』 제1권을 간행하기 전에 쓴 것밖에 없습니다. 『자본론』 제1권의 경우 1867년 초판 출간 후 5년 정도 지나서 제2판과 프랑스어판을 내면서 1868년 이후 새로운 지식을 바탕으로 여러 가지 변경을 추가했지만, 이 변경 사항들은 만년의 마르크스 사상의 일부에 불과합니다.

실은 현재 우리가 번역본으로 읽을 수 있는 『자본론』 전 3권은 마르크스 사후에 그의 동지 프리드리히 엥겔스(Friedrich Engels, 1820~1895)가 유고를 필사적으로 편집해 출간한 것입니다. 그리고 이를 우리는 한 완성형으로서 읽어 왔지만, 이는 전 3권을 완성된 저작으로 매끄럽게 읽을 수 있도록 논의가 거친 부분을 엥겔스가 '첨삭 윤문'해 완성한 것입니다.

마르크스 사후 『자본론』 전 3권을 출간한 엥겔스의 공로가 매우 크다는 것에는 의심의 여지가 없습니다. 그의 피땀 어린 노력이 없었다면 초판 1000부에 불과했던 『자본론』이 이토록 많이 읽히지 않았을 테고, 마르크스주의 사상이 전 세계로 퍼져 나가지도 못했을 것입니다.

그러나 엥겔스가 '마르크스주의'를 체계화하려고 노력할수록 만년의 마르크스가 씨름한 미해결의 쟁점이나 마르크스의 새로운 문제의식이 보이지 않게 된 것도 사실입니다. 왜냐하면 그러한 새로운 통찰은 마르크스 자신의 구상에 큰 변용을 요구하는 내용으로, 남겨진 『자본론』 초고 내용에 도저히 담을 수 있는 것이 아니었기 때문입니다.

그렇다면 『자본론』에 담을 수 없던 아이디어는 무엇이었을까요? 그리고 마르크스가 『자본론』에서 답할 수 없던 '회복 불가능한 균열'을 수복할 수 있는 미래 사회의 비전은 무엇일까요? 이 점에 대한 분명한 대답이 지금 요구되고 있습니다. 즉, 21세기 코뮤니즘론이 필요합니다.

그러나 마르크스의 자본주의 '비판'에는 공감하면서도, 코뮤니즘을 지향하는 시도에 대해서는 '소련의 실패를 반복할 뿐 아니냐'라고 우려하는 사람도 많을 것입니다. 그래서 우선 다음 장에서는 과거의 과오를 반복하지 않기 위해서라도 소련과 중국 등 '사회주의'의 문제점을 짚어 보고자 합니다.

굿바이
레닌!

Das Kapital.

° 부의 풍요를 되찾기 위해

이 책에서는 지금까지 물질대사론을 중심으로 자본주의의 문제점을 생각해 보았습니다. 자본주의는 방치하면 사회의 부도, 자연의 부도 약탈하고 파괴해 버립니다. 그 현상이 현대의 불평등 문제이며, 기후 위기입니다.

그래서 다음 두 장에서는 이런 어려운 시기에 어떻게 하면 부의 풍요를 되찾을 수 있을지 생각해 보고 싶습니다.

이때 먼저 확인해야 할 것은 부의 풍요를 되찾기 위해 마르크스는 일관되게 자본주의를 **넘어선** 사회를 구상했다는 점입니다. 즉, 자본주의 내부에서 단순히 세금을 올려서 재분배하거나 노동자의 임금을 올리는 것만으로는 안 됩니다.

잘 알려져 있듯이 자본주의를 넘어선 사회를 마르크스는 '코뮤니즘' 혹은 '사회주의'라고 불렀습니다(마르크스는 이 두 명칭을 특별히 구분하지 않고 사용했습니다). 이런 대담한 발상이야말로 마르크스의 매력인 동시에 그의 사상을 위험하게 여기는 이유이기도 합니다.

그렇다면 부의 풍요를 되찾는 코뮤니즘이란 어떤 사회인가,
이 점을 밝히는 것이 마지막 장의 과제입니다.

° 보수화와 가성비 사고

'자본주의에 문제가 있으니, 코뮤니즘을 지향하자'고 해도 자
본주의는 절대 바꿀 수 없다고 생각하는 사람이 압도적으로 많
을 것입니다. 그래서 자본주의를 비판하는 데 에너지와 시간을
쏟는 것은 가성비가 매우 나쁘고 불합리하다고 느낄지도 모르
겠습니다.

비현실적인 것을 공상하며 현실에 대해 불평불만을 토로하
고 데모나 노동운동을 하는 정도라면, 이 사회에서 조금이라도
연봉을 올리고, 실력을 키워서 이직하는 데 시간과 돈을 쓰는
편이 낫다고 생각하는 사람이 더 많을 테지요.

실제로 자신의 회사가 어떻게 될지, 정년까지 일해도 연금을
받을 수 있을지 알 수 없습니다. 일본 경제는 과연 괜찮을까? 이
렇게 미래에 대한 불안감이 큰 상황에서 나만이라도 어떻게든
살아남아야 한다는 압박감을 느끼는 것도 이해가 갑니다.

그리고 그런 불안감도 이용하는 것이 자본주의입니다. 그것
이 투자입니다. NISA나 iDeCo라는 이름을 들은 적이 있거나 실
제로 하는 사람이 많지 않나요?

NISA는 소액투자 비과세 제도로 매년 일정 금액 범위에서 구입한 금융상품의 수익이 비과세되는 제도입니다. 지금은 매년 40만 엔까지 20년간 비과세입니다('새로운 자본주의'의 핵심은 이를 무기한으로 하는 것입니다). 반면 iDeCo는 적립식 연금 운용 제도로, 원칙적으로 60세까지 돈을 인출할 수 없지만 적립한 금액은 그대로 소득에서 공제됩니다. 일반은행 계좌로 노후 자금을 저축하는 것보다 NISA나 iDeCo로 저축하는 것이 투자자로서 원금이 늘어날 가능성도 있고, 절세 효과도 있습니다. 두 제도 모두 '노후 자금 2000만 엔이 필요하다'라는 한때 화제가 되었던 금융당국의 보고서와 일맥상통하는 제도이죠.

요컨대 앞으로 다가오는 시대, 우리가 노후를 살아가려면 '투자자'가 되어야 한다는 것입니다. 국가는 더 이상 연금과 의료비를 부담해서 당신의 삶을 보장해 줄 수 없으니, 이제는 자신의 책임으로 투자하라는 이야기입니다.

실제로 적금 NISA를 계기로 추가 소액 거래를 시작하면 당신도 훌륭한 '투자자'의 대열에 합류하게 됩니다. 우리는 이렇게 날마다 주가를 신경 쓰고, 주가가 계속 오르길 바라게 됩니다. 자신이 보유한 종목의 주가를 날마다 몇 번이나 체크하고, 시장 동향을 공부하게 될 것입니다.

이렇게 우리는 보수적인 사람이 되어 자신의 노후가 걸린 주가가 폭락하지 않기를, 자본주의가 계속 번영하기를 바라게 됩니다. 따라서 과감한 재분배정책을 위해 금융소득세를 올리거나 자사주 보유를 제한하는 등의 정책은 인기가 없을 수밖에 없습니다. 오히려 주가가 오르는 정책, 예컨대 법인세 감세나 금융시장 규제완화를 적극 지원하게 될 것입니다.

하지만 그런 정책을 선택한다고 해도 크게 이득을 보는 것은 대주주나 대기업이지 소액투자자가 아닙니다. 우리가 몇십만 엔 정도의 공제 혜택으로 기뻐하는 동안 수천만 엔, 수억 엔씩 이득을 보는 사람들이 있기 때문입니다.

그런데도 투자활동을 통해 자본가의 사고를 내면화하고 행동하게 됩니다. 현실에서 자신은 그저 노동자에 불과하다는 사실을 잊어버리고 말입니다. 경제학자 니시베 마코토(西部忠, 1962~)는 이를 '자유투자주의'라고 부르며 경종을 울렸습니다.

자유투자사회에서 우리는 모든 행위와 선택을 '투자'로 간주하게 됩니다. 그런 사회의 귀결은 궁극적인 가성비 사회입니다. 결혼의 가성비? 육아의 가성비? 문화의 가성비? 민주주의의 가성비?

당연히 인생에서 행위 대부분이 자산 형성으로 이어지지 않습니다. 따라서 가성비 사고를 철저히 하게 되면 소통, 문화, 정치 참여, 세상의 많은 활동을 쓸데없는 것으로 여기게 되고, 커뮤니티와 상호부조는 쇠퇴하고 사회의 부는 점점 더 앙상하게 됩니다.

인생의 가성비를 따지자면 "당장 관 속에 들어가는 것이 가장 좋다"라고 요로 다케시(養老孟司, 1937~)는 비꼬아 말하지만,

chapter 5 _____

궁극적으로 삶의 의미 따위는 사라지게 될 것입니다. 여기에서 자본주의에 의한 '영혼의 포섭'이 극에 달한 것입니다.

° '코뮤니즘'에 대한 이미지

마르크스 시대에는 이 정도로 자본에 의한 '영혼의 포섭'이 일어나지 않았습니다. 하지만 현대 일본에서 일어나는 일이 마르크스가 생각한 자본주의 비판의 연장선상에 있다는 것을 알 수 있습니다.

이 정도로 '영혼의 포섭'이 진행되면, 마르크스가 생각했던 자본주의를 넘어선 사회를 상상하는 것은 매우 어려워지고 맙니다. 미국의 문학평론가 프레드릭 제임슨(Fredric Jameson, 1934~)은 "자본주의의 종말을 상상하는 것보다 세계의 종말을 상상하는 것이 더 쉽다"라고 한탄했습니다. 좌파도 그런 상황이니, 많은 사람이 어쨌든 자본주의 안에서 잘 살아갈 수밖에 없다고 느끼는 것은 당연합니다.

실제로 자본주의를 넘어선 사회를 구상하는 힘은 사라지고, 상상력은 빈곤해졌습니다. 실제로 독자 여러분은 '코뮤니즘'이나 '사회주의'라는 말을 들으면 소련이나 중국, 쿠바나 북한을 떠올리지 않나요?

확실히 이들 나라들에서는 '공산당'이나 '노동당'이 권력을 잡고 있고, 종종 마르크스주의 이론을 이용해 자신들의 개혁이나 정책을 정당화하기도 합니다. 실제로 적지 않은 일본의 마르크스주의자들도 소련을 지지했고, 지금도 중국을 사회주의(를 향한 일보)로 보는 전문가들도 있습니다. 하지만 독재, 처형, 기근 등 부정적인 이미지도 많죠.

다음에서는 그런 우려를 심각하게 받아들이면서, 더 나아가 소련이나 중국을 '사회주의'로 간주하는 시각을 비판하고, 마르크스·레닌주의와 영원한 이별을 고하고자 합니다. 왜냐하면 그렇게 하지 않으면 마르크스의 '코먼의 재생'이라는 미래 사회 프로젝트를 전혀 이해할 수 없기 때문입니다. 무슨 말인지, 바로 살펴보겠습니다.

° 소련과 코뮤니즘은 다르다

애초에 자본주의사회의 문제를 극복한 사회가 중국이나 소련이라 해도 그곳을 매력적으로 느끼는 사람은 거의 없지 않나요? 오히려 일본이나 미국에서의 생활이 훨씬 더 좋다고 느낄 것입니다. 물론 필자도 그렇습니다.

그런데도 '코뮤니즘'이라고 말하기만 하면 필자가 소련이나 중국을 찬양한다고 오해하거나, 소련이 실패했으므로 마르크스는 틀렸다고 단언하는 사람들이 있습니다. 마르크스가 생각했던 '코뮤니즘'과 소련은 다르다고 필자가 몇 번이나 반복해서 설명해도 자꾸만 두 가지를 혼동하는 데에 놀랐습니다.

물론 그런 오해의 바탕에는 소련이라는 역사적 체제가 붕괴한 사태의 충격이 있을 것입니다. 소련의 비극이 다시는 반복되지 않도록 마르크스주의자들이 반드시 짚고 넘어가야 할 문제입니다. 단 소련이 실패했다고 해서 마르크스사상을 모두 부정할 필요가 없는 것도 사실입니다. 왜냐하면 둘 사이에는 큰 차이가 있기 때문입니다.

° 민주주의의 결여

그렇다면 현존한 역사상의 사회주의와 마르크스의 코뮤니즘은 어떻게 다를까요?

확실히 소련에서는 최소한의 의료보장, 교육과 보육의 무상화, 개인들의 최소한의 생활 보장(저렴한 임차료와 생필품, 대중교통비)과 같은 조치가 취해졌습니다. 노동시간도 짧고, 임금과 사회 진출 면에서 젠더 평등도 어느 정도 실현되었습니다('당신의 섹스가 즐겁지 않은 것은 자본주의 때문'이라는 주장도 있습니다). 이런 점만을 떼어 놓고 보면 소련에서는 어떤 '사회주의'가 적어도 부분적으로는 실현되었던 것으로 보이며, 이러한 조치들이 반드시 나쁜 것만은 아닙니다.

그럼에도 사람들이 소련이나 중국의 사회주의에 대해 부정적 인상을 갖는 큰 이유 중 하나는 민주주의의 결여입니다. '사회주의'라고 불리는 국가들에서는 공산당의 일당독재가 이루어졌고, 이는 심각한 피해를 초래했습니다.

예를 들어, 스탈린 독재 아래 많은 수감자가 강제수용소(굴라크)에서 가혹한 강제 노동에 시달리고, 체제 비판자들이 배신자로 몰려 죽음을 당한 것은 엄연한 사실입니다. 아니, 그뿐 아니라 '대숙청'으로 알려진 1930년대의 대학살에서는 순종적인 사람들도 차례로 죽음을 당했습니다. 스탈린에 반대했던 공산당 관계자뿐 아니라 군인, 학자, 문화인, 일반 시민까지 조금이라도 눈에 띄면 반동분자나 스파이로 몰려 처형당했습니다.

희생자 수는 통계상으로만 무려 80만 명에 달합니다. 하지만 실제로는 800만 명에서 1000만 명이 살해당했다고 합니다. 홀로코스트의 희생자가 600만 명이라고 하니 그 규모가 상상할 수 없을 만큼 큼을 알 수 있습니다.

이런 상상할 수 없는 살육극이 가능했던 것은 민주주의가 결여되었기 때문입니다. 민주주의가 없었기 때문에 국가의 폭력에 제동이 걸리지 않았고, 스탈린 숭배의 폭주가 많은 국민을 죽이는 비극을 낳았습니다.

비슷한 비극은 중국의 문화대혁명과 톈안먼사건에서도 일어났습니다. 이는 오늘날 홍콩의 민주화를 요구하는 사람들이나 위구르족과 같은 소수민족에 대한 중국공산당의 탄압이 모습을 바꾸어 이어지는 문제이기도 합니다. 민주주의 없는 일당독재에 우리가 지향해야 할 미래 사회의 모습은 없습니다.

° 관료가 특권계급이 되는 구조

이른바 '국가사회주의'에는 민주주의가 없으니 당연히 언론의자유나 결사의자유도 인정되지 않습니다. 몇 년 전 베이징대학에서 이런 사건이 있었습니다.

베이징대학 마르크스주의 학생 동아리 '마르크스주의연구회'는 선전(深圳) 노동자들의 열악한 처우에 가슴 아파했습니다. 그리고 마르크스주의자로서 노동자들의 처우 개선 요구에 연대를 표명했습니다. 그런데 어떻게 되었을까요? 놀랍게도 학생들은 캠퍼스에서 연행되었고, 동아리는 해산되었습니다. 실종된 학생들도 있다고 합니다.

현존하는 '사회주의'국가에서는 마르크스주의 이론으로 노동자와 연대하는 것이 매우 위험한 행위가 되었습니다. 이것은 정말 아이러니라고밖에 말할 수 없습니다.

우선 현재 중국을 방문해 사회주의국가라고 느끼는 사람이 얼마나 될까요? 아마존은 없지만 알리바바가 있습니다. 구글이나 페이스북은 없어도 바이두와 웨이보가 있습니다. 나이키, 스타벅스, 맥도날드가 곳곳에 있고, 선전에 가면 완전 자동화된 하이테크 공장에서 24시간 내내 전기자동차와 정밀기계가 생산되고 있습니다. 일본이나 미국 이상으로 자본주의사회인 것 같습니다.

그런 가운데 현대 중국에서 사회주의다운 특징을 찾자면 은행, 토지, 공사(公社) 등이 자본주의사회에 비해 상당히 높은 비율로 국유화되어 있다는 점 정도가 아닐까요? 물론 이 특징은 소련에도 해당됩니다.

그래서 일반적 이해에 따르면, 사회주의는 흔히 소유 형태에 의해 정의됩니다.—자본주의는 사유, 사회주의는 국유라는 식으로요. 즉, 사회주의를 세우기 위해서는 노동자계급의 착취를 없애고 계획경제를 가능하게 하는 국유화가 핵심이라고 보는 것입니다.

하지만 사회주의에 대한 이 같은 정의에는 문제가 매우 많습니다. 왜냐하면 생산수단의 국유화는 노동자들을 해방하지 못하기 때문입니다.

국유화된 경우 누가 사회 전체의 생산을 계획하는가요? 노동자인가요? 아닙니다. 그렇지 않습니다. 현실적으로는 사회 전체를 볼 수 있는 당과 관료가 합니다. 자본가 대신 관료들이 생산의 의사 결정권을 쥐고 있습니다. 그리고 그들의 지령에 따라 노동자들은 일하는 것입니다.

그렇다면 어떻게 될까요? 노동자들 입장에서는 자본가와 관료, 민영기업과 국영기업이라는 차이는 있지만, 결국 타인의 지휘·감독 아래 일한다는 점에는 큰 차이가 없습니다.

게다가 국영기업이 커질수록, 그 수가 많아질수록 관료가 갖는 권력은 거대해집니다. 미국 등 서방국가와의 경쟁에서 승리해 사회주의를 건설한다는 대의 아래 관료들은 노동자들의 잉여노동력을 빨아들여 새로운 부문에 투자합니다. 이 과정을 거쳐 관료들은 특권계급이 됩니다.

그리하여 당과 관료의 지배가 절대화되는 동시에 시민과 노동자의 힘은 약화되고, 민주주의도 위협받게 됩니다. 생산수단의 국유화를 통해 계획경제를 도입하려는 시도가 독재를 낳는 것은 결코 우연이 아닙니다.

° 소련, 붕괴

요컨대 현존하는 '사회주의국가'는 자본가를 대신해 관료가 노동자의 잉여가치를 착취하는 경제체제에 불과합니다. 그래서 마르크스 경제학자 오타니 데이노스케(大谷禎之介, 1934~2019)는 소련을 '국가자본주의'라고 불렀습니다.

소련에는 많은 국영기업이 존재했고, 농업에서도 솝호스나 콜호스라 불리는 농장이 있고, 그곳들이 계획경제 아래 관리되었습니다. 하지만 그런 기업에서 생산한 물건을 주고받는 데에서는 시장에서 화폐를 이용한 상품 거래가 이루어졌던 것입니다.

또 각 기업의 목적은 잉여가치를 최대화하는 것이었습니다. 요컨대 자본을 늘리는 것을 목표로 삼았습니다. 이는 자본주의의 본질적 특징이 소련에 존재했음을 단적으로 보여 줍니다.

한편, 노동자들에게는 스스로 생산수단을 관리하는 것이 허용되지 않았습니다. 즉, 그들은 국영기업이나 콜호스 등에 자신의 노동력을 판매하고 잉여가치를 생산하는 임노동자였습니다. 노동자는 여전히 '이중적 의미의 자유'(이 책 2장 참조)를 누렸으니, 국영이라는 점만 제외하면, 이 점에서도 자본주의와 거의 다르지 않습니다.

소련에서 노동자들의 고용은 확실히 안정적이었을지 모릅니다. 하지만 반대로 말하면, 자유롭게 이직하거나 이동할 수 없었습니다. 또 상품 구매자로서도 제약이 상당히 많은 상태였는데, 이는 사회주의의 필연적 귀결이 아닙니다. 오히려 비대해진 국가 통제가 만들어 낸 부자유였던 것입니다. 이런 상황에서 강력한 가격통제와 계획경제를 강요하다 보니 기업의 혁신은 일어나기 힘들었고, 노동자들의 동기부여도 떨어졌습니다. 소련은 효율이 나쁜 자본주의였으며, 미국과의 경쟁에서 필연적으로 불리할 수밖에 없었습니다.

그런 와중에 어떻게든 서구에 밀리지 않으려고 코시긴 개혁*, 페레스트로이카** 등을 통해 좀 더 일반적인 자본주의의 모습에 가까워졌습니다. 하지만 그와 같은 반쪽짜리 개혁은 결국 실패로 돌아갔고, 최종적으로 1991년 소련은 붕괴했습니다.

반대로 중국에서는 덩샤오핑의 지도 체제에서 시작된 개혁개방정책이 성공적이었다고 할 수 있습니다. 그러나 이는 결국 자본주의와 다를 바 없는 사회를 만드는 결과를 낳았습니다.

° 사회주의의 탈을 쓴 '정치적 자본주의'

식민지지배나 점령 상태에서 독립한 국가들에서도 비슷한 문제를 볼 수 있습니다. 베트남, 쿠바, 에티오피아처럼 독립 후 사회주의를 표방하며 공업화를 지향하다가 많은 경우 비민주적인 '개발독재국가'가 되고 말았습니다.

개발독재국가에서도 국민들 자신의 생활에 필요한 것 이상의 '잉여노동'의 성과는 관료들이 빨아들여 공업화를 추진하는 데 재투자합니다. 명목상으로는 조국의 발전을 위해 노동자들 스스로가 그러한 잉여노동의 사용 방식을 '원하고' 있기 때문에 거기에는 '착취'가 존재하지 않는다고 주장됩니다. 그러나 실제로는 그러한 국민경제계획을 입안하는 것은 소수의 당 관료들에 불과했기 때문에, 실상은 '착취'와 다름없습니다.

---

* 코시긴 개혁: 1964년부터 1980년까지 브레즈네프 체제에서 총리를 지낸 코시긴이 추진한 경제개혁을 말한다.

** 페레스트로이카: 러시아어로 '재건'이라는 뜻으로, 1980년대 중반 이후 고르바초프가 추진한 개혁을 말한다.

그래서 20세기를 대표하는 마르크스주의 사회학자 이매뉴얼 월러스틴(Immanuel Wallerstein, 1930~2019)은 다음과 같이 지적했습니다. 자본주의가 '세계 시스템'으로 성립한 상황에서 소련과 중국, 아프리카 국가들이 목표로 삼은 것은 자본주의를 다른 방식으로 발전시켜 근대화와 경제성장을 추진하는 것뿐이었다고 말이죠.

실제로 그 나라들에는 상품도 있고, 화폐도 있고, 자본도 있고, 노동자 착취도 행해졌습니다. 따라서 20세기 사회주의를 표방한 나라들의 실태는 노동자를 위한 사회주의라고는 할 수 없는 단순한 독재체제에 불과했습니다. 자본가 대신 당과 관료가 경제를 좌지우지하는 '국가자본주의'였던 것입니다.

그 사회가 자본주의인지 아닌지는 정부의 규모나 국유 비율과 무관합니다. 중요한 것은 자본을 늘리기 위한 잉여가치의 착취가 있느냐 없느냐입니다. 따라서 정부가 작아지고 시장에 맡기면 더 자본주의적으로 된다는 '신자유주의' 발상은 일면적입니다. 실제로 시장이 잘 작동하도록 정부가 적극적으로 개입하는 중국은 신자유주의는 아니지만 세계 최고의 자본주의국가입니다.

최근에 경제학자 브랑코 밀라노비치(Branko Milanović, 1953~)는 미국이나 유럽의 '자유주의적 능력 자본주의(liberal meritocratic capitalism)'와 대비하여 중국의 자본주의를 '정치적 자본주의(political capitalism)'라고 불렀는데,* '정치적 자본주의'의 내용은

이 책에서 주장하는 '국가자본주의'와 다르지 않습니다. 오래전부터 소련도 중국도 '정치적 자본주의'였습니다.

° 국유가 반드시 '공유'는 아니다

지금까지의 논의를 정리해 봅시다.

생산수단과 생산물의 사적소유야말로 자본주의의 기초를 이루는 본질적 특징이며, 사적소유를 폐기하기만 하면 사회주의로 이행할 수 있다는 사고방식이 끈질깁니다. 그러나 국유화를 추진하더라도 자본을 늘리기 위해 노동자는 가혹한 조건에서 착취당하고, 시장에서는 화폐를 통해 대량의 상품이 계속 거래될 것입니다. 또 관료의 지배로 인해 민주주의가 부정되고 국가권력이 폭주할 것입니다.

국유화가 사회주의라면 아무도 사회주의에 매력을 느끼지 않을 것은 당연합니다. 국유화의 내실은 '국가자본주의'에 불과합니다. 그렇다면 사회주의를 주장하기 위해 소련이나 중국, 기타 개발독재 국가를 옹호할 필요는 전혀 없을 것입니다. 왜냐하면 이들은 노동자의 자유와 권리를 희생시키며 국유화와 근대화를 추진했을 뿐이니까요.

* 브랑코 밀라노비치, 『홀로 선 자본주의』(정승욱 옮김, 세종, 2020).—옮긴이

애초에 생산수단의 사적소유야말로 자본주의의 근본 문제라는 사고방식은 직관적으로 이해하기 쉽지만, 이는 자본주의에 대한 표면적 이해에 머물러 있습니다. 마르크스가 '노동'에 무게를 두었던 것을 생각해 보세요.

시장경제의 사적소유제 아래에서 사람들이 끊임없이 상품과 화폐를 주고받는 것은 분명 자본주의사회의 일상적 풍경입니다. 하지만 자본주의의 본질은 상품의 등가교환 이면에 숨은 노동자 착취에 의한 잉여가치 생산에 있습니다.

이 문제를 해결하려면 단순히 사유에서 국유로 소유 형태를 바꾸는 것만으로는 충분하지 않습니다. 착취를 둘러싼 문제를 생산수단을 누가 **소유하느냐**의 문제로만 보고 노동의 문제로 보지 않는다면, 소련과 같은 과오를 범하게 될 것입니다. 자본주의를 극복하는 데 필요한 것은 착취 없는 자유로운 **노동의 존재 방식**을 만들어 내는 것입니다.

다시 말하지만, 국영기업에서도 타인의 잉여노동 착취를 전제로 한 임금노동은 존재합니다. 국유는 공유를 실현하는 것이 아니기 때문입니다. 오히려 '노멘클라투라'*라는 지배층을 만들어 낸 것이 국유화였습니다. 그 결과, 노동자들은 자신의 의지와 상관없이 타인에 의한 생산수단과 생산물의 소유라는 문제에 직면한 것입니다.

---

* 노멘클라투라: 옛 소련의 고위 당 관료를 비롯한 특권적 지배층을 뜻한다.—옮긴이

。 학비도 의료비도 무료인 독일

그렇다면 국유화와 사회주의를 연결 짓는 논의는 왜 이렇게 뿌리 깊을까요? 국유화로 이행하기는 정치의 힘으로 이룰 수 있다는 점이 가장 큰 이유일 것입니다. 경제문제를 노동자들 스스로 변화시키지 않고 국가나 정치권력으로 해결하려는 것이 '국가자본주의'의 특징입니다.

마르크스는 그 위험성을 잘 알고 있었습니다. 그는 표면적인 자본주의 이해에 빠지면 혁명이나 선거로 정권을 탈취하고 법을 바꾸면 된다는 "법학 환상"(643 / 841)이 생겨난다고 경고했습니다. 그런데 현존하는 '사회주의'는 바로 그런 환상에 빠져 버린 것입니다.

마르크스에 따르면 법과 제도보다 더 근본적인 것은 상품과 화폐가 인간을 지배하는 듯한 힘을 휘두르는 현실 자체입니다. 인간과 사물의 관계 전도(轉倒)를 마르크스가 '물상화'라고 일컬으며 비판한 것을 기억하실 테지요(이 책 1장 참조).

여기서 먼저 확인해야 할 것은 마르크스에게 자본주의에 저항하는 데 중요한 것은 국가권력의 탈취나 정치체제의 변혁**이 아니라** 경제 영역에서 이 물상화의 힘을 억제하는 것이었습니다. 이렇게 말하면 어렵게 느낄 수도 있지만, 요컨대 상품과 화폐에 의존하지 않고도 살아갈 수 있도록 일상에서 선택의 여지를 넓혀 가는 것입니다.

예를 들겠습니다. 일본은 고등교육에 돈이 많이 듭니다. 사립 대학 등록금은 연간 약 93만 엔입니다. 입학금까지 합치면 4년 간 약 400만 엔입니다. 국립대학도 등록금이 치솟아 연간 약 54 만 엔 정도입니다. 부모님과 떨어져서 공부하는 경우, 매달 월 세와 생활비도 추가됩니다. 그 결과 학생들은 '장학금'이라는 이름의 유(有)이자 대출을 받게 되고, 졸업할 때까지 빚을 수백 만 엔 지게 됩니다. 대학을 반드시 4년 만에 졸업해서 좋은 기업 에 취업해야 한다는 생각이 생기고, 빚을 다 갚을 때까지 어떻 게든 직장을 그만두지 않고 열심히 일해야 한다는 압박감도 생 깁니다.

필자가 유학했던 독일은 사정이 많이 다릅니다. 대학을 4년 만에 졸업하는 사람이 적고, 6년 정도 걸리는 것이 보통입니다. 유학 초기에, 박사과정까지 포함하면 20년 정도 학생인 사람들 도 있다는 사실에 충격을 받았어요.

왜 그런 일이 가능하냐면, 학비가 무료이기 때문이죠. 그뿐 아니라 한 학기 2만 엔 정도면 전철과 버스를 무제한으로 탈 수 있는 정기권이 붙은 학생증을 받을 수 있습니다. 학생증만 있으 면 학식도 몇백 엔으로 먹을 수 있고, 미술관이나 콘서트 할인 도 받을 수 있습니다. 그 유명한 베를린 필의 콘서트도 15유로 (약 2000엔)로 즐길 수 있습니다. 물론 기숙사비는 한 달에 3만 엔 정도로 저렴하고요.

대학 등록금뿐만이 아닙니다. 독일에서는 의료도 원칙적으로 무료이고, 간병 서비스도 후합니다. 실업수당, 직업훈련 등도 충실합니다. 그래서 육아에도 돈이 들지 않고, 노후까지 2000만 엔을 모을 필요도 없습니다. 그렇게 되면 싫은 일을 하면서도 필사적으로 버텨야 한다는 압박감이 약해집니다.

이것이 바로 복지국가 연구자인 괴스타 에스핑아네르센(Gøsta Esping-Andersen, 1947~)이 '탈상품화'라 부른 상황입니다.* 즉, 생활에 필요한 재화(주거, 공원)와 서비스(교육, 의료, 대중교통)를 무상으로 이용할 수 있을수록 탈상품화가 진행된다는 것입니다. 이러한 재화와 서비스는 필요한 사람에게 시장에서 화폐를 사용하지 않고 의료나 교육 등의 형태로 직접 현물급부(現物給付)됩니다.

현물급부의 결과, 우리는 화폐를 얻기 위해 일할 필요가 줄어들게 됩니다. 복지국가는 물론 자본주의국가입니다. 하지만 탈상품화가 물상화의 힘에 제동을 걸고 있음을 알 수 있습니다.

° 국유화보다 어소시에이션이 선행했다

소련도 교육, 의료 등을 무상으로 제공했기 때문에 복지국가

---

* 요스타 에스핑-안데르센, 『복지자본주의의 세 가지 세계』(박형신 외 옮김, 일신사, 2006).─옮긴이

와 차이점을 알기 어려울 수도 있습니다. 하지만 소련에서는 국유화가 먼저 선행되었죠. 반대로 복지국가의 경우, 물상화의 힘을 억제하려는 사회운동이 선행되었습니다. 이 운동을 마르크스는 '어소시에이션'이라고 불렀습니다.

사실 마르크스 자신은 '사회주의'나 '코뮤니즘'과 같은 표현을 거의 쓰지 않았습니다. 다가올 사회의 모습을 이야기할 때 그가 반복적으로 사용한 단어는 '어소시에이션'입니다.

노동조합, 협동조합, 노동자 정당, 모두 다 어소시에이션입니다. 요즘으로 치면 NGO나 NPO도 해당됩니다. 마르크스가 지향한 것은 소련과 같은 관료 지배 사회가 아니라, 사람들의 자발적인 상호부조와 연대를 기초로 한 민주적 사회였습니다.

어소시에이션의 중요성은 복지국가에서 제공하는 다양한 서비스의 역사적 형성 과정을 보면 알 수 있습니다. 예를 들어, 실업보험은 노동자 스스로가 임금의 일부를 모아 만든 것입니다. 일자리를 원하는 사람이 많아, 낮은 임금을 받고 일하는 사람이 많아지면 노동운동의 대오는 흐트러집니다. 그래서 일정 수준 이하의 임금으로는 일하지 않도록, 실직한 노동자들의 삶을 스스로 지탱할 수 있는 구조가 만들어진 것입니다.

그 외에도 사회보험이나 연금부터 공공도서관, 공공의료에 이르기까지 모두 그 발단으로 거슬러 올라가면 노동조합, 이웃 상호부조 조직, 협동조합 등의 실천이 있습니다. 자본의 힘 앞에서 사람들이 자신의 삶을 지키고 풍요롭게 하기 위해 상호부조 시스템을 자발적으로 만들어 냈던 것입니다.

요컨대 이 모든 것이 탈상품화를 위한 어소시에이션 운동이었으며, 그것이 20세기에 들어서면서 노동자들 자신이 아니라 국가가 세금을 사용해 보편적 형태로 국민에게 제공하게 된 것입니다. 즉, 어소시에이션 운동은 국유화를 당과 관료가 추진했던 국가자본주의와는 순서가 반대입니다. 보편적 서비스로서 국유화는 어소시에이션이 발전한 **다음**에 이루어졌습니다.

어소시에이션이 경제의 기초에 있기 때문에 생활보장의 모든 것을 국가의 관리나 개입에 의존할 필요가 없습니다. 예를 들어, 독일에는 최근까지 전국적이고 일률적인 법정최저임금이 없었습니다. 독일에서는 노동조합이 일본처럼 기업별이 아닌 산업별로 조직되어 있습니다(금속산업노조는 IG금속, 서비스산업은 ver.di처럼). 이 산별노조가 각 기업과 산업별로 노사 협정을 맺어 일정한 최저임금을 지키도록 하기 때문에 굳이 국가가 시장에 개입할 필요가 없었습니다.

어쨌든 물상화와 탈상품화라는 관점에서 보면, 복지국가는 마르크스가 생각한 비전과 겹치는 부분이 있습니다. 어소시에이션이라는 관점에서 보면, 노동조합운동을 금지하고 국유화 아래 관료가 의사결정을 독점하는 소련이나 중국과 같은 '사회주의국가'보다 자본주의 복지국가가 마르크스의 생각에 더 가깝습니다.

° 기본소득이라는 '법학 환상'

'국가자본주의'와 '법학 환상'에 대한 마르크스의 비판은 오늘날 그 중요성이 더욱 커지고 있습니다. 이러한 환상은 과거에 국한된 이야기가 아니기 때문입니다. 노동운동이 침체되고 어소시에이션이 약화되는 가운데, 국가의 강력한 힘을 이용한 자본주의 개혁안이 다시금 제기되고 있습니다.

예를 들어, 2000년대부터 인기를 끌고 있는 기본소득(BI, Basic Income)은 '법학 환상'의 상징입니다. 모든 사람에게 화폐를 나눠 주는 법을 만들면 된다는 BI의 발상은 언뜻 보기에 매우 대담합니다. 충분한 돈을 자동으로 받을 수 있다면 굳이 싫은 일을 하지 않아도 됩니다. 좋아하는 일을 하면서 자유 시간도 늘어나고, 풍요로운 삶을 살 수 있다는 것입니다.

정말이지, BI는 마치 기사회생의 특효약처럼 보일 수 있습니다. 하지만 월 2~3만 엔을 지급받는 대신 연금이나 사회보장비를 삭감당하면 소용이 없습니다. 한편, BI로 매월 10만 엔 정도를 전 국민에게 지급하려면 재원으로 대기업과 부유층에 상당한 부담을 지우게 됩니다.

당연히 자본은 모든 수단을 동원하여 그러한 증세에 저항할 것입니다. 글로벌기업들은 일본 정부가 BI를 위해 높은 세금을 부과하면 회사를 접고 세금 부담이 적은 해외로 도피하겠다고 협박할 가능성이 높습니다. 그렇게 되면 세수는 줄고, 주가는 떨어질 것입니다. 이것이 자본의 위협, '자본 파업'입니다.

자본은 국가를 넘어 좋아하는 곳, 좋아하는 것에 투자할 자유를 갖고 있으며, 이 자유가 이동하지 못하는 노동자와 국가에 대한 자본의 권력과 우위의 원천이 되고 있습니다. 이 자유를 방패 삼아 '자본 파업'을 발동하려는 것입니다. 그래서 BI를 도입하려면 국가가 이 자본 파업을 이겨 내야 합니다. 그러기 위해서는 상당한 힘의 사회운동이 뒷받침해 주어야 합니다.

하지만 만약 사회운동 진영에 그 정도의 강력한 힘이 있다면 국가가 화폐를 나눠 주는 것 외에 다른 사회변혁의 길을 추구할 수 있을 것입니다. 예를 들어, 의료, 고등교육, 보육·돌봄, 대중교통 등을 모두 무상화하여 탈상품화하는 것입니다.

그런데 애초에 BI라는 제안이 나온 배경에는 노동운동이 약화되고, 불안정 고용과 저임금 노동이 증가하고 있다는 점을 들 수 있습니다. 노동운동에 의존할 수 없으니, 그 대신 국가가 화폐의 힘으로 국민의 삶을 보장해 주자는 것이 BI입니다.

물론 매달 손에 쥘 수 있는 돈이 늘어나면 노동자들의 생활에 여유가 생기고, 노동자계급의 힘이 강해질 수도 있습니다. 하지만 이런 방식은 생산의 존재 방식에는 손을 대지 않기 때문에 자본이 가진 힘을 약화시킬 수 없습니다. 그렇기 때문에 BI를 요구하는 세력이 얼마나 힘을 가지고 자본 파업에 맞설 수 있을지는 미지수입니다.

앞서 말했듯이 BI에 담긴 사고방식은 화폐가 힘을 가진 현재의 상황을 상당히 소박하게 전제하고 있습니다. 그렇다면 우리가 BI를 도입한다 할지라도 상품과 화폐의 힘에 계속 휘둘리지 않을까요? 물상화의 힘은 전혀 약화되지 않습니다.

이에 반해 물상화의 힘을 억누르려고 한 마르크스는 화폐와 상품이 힘을 갖지 않는 사회로의 변혁을 목표로 삼았습니다. 물론 이 목표는 화폐의 힘을 아무리 사용해도 달성할 수 없습니다. 화폐의 힘에서 자유로워지기 위해서는 화폐 없이 살 수 있는 사회의 영역을 어소시에이션의 힘으로 늘리는 수밖에 없습니다.

° 피케티와 MMT의 사각지대

BI와 비슷한 '법학 환상'은 『21세기 자본』의 저자이자 프랑스 경제학자인 토마 피케티(Thomas Piketty, 1971~)의 세제 개혁안도 공유하고 있습니다. 사실 피케티도 최근 들어 '사회주의'를 표방하는데, 그의 방식은 소득세와 법인세, 상속세를 대폭 인상해 과감한 재분배를 실현하는 것입니다. 예를 들어, 소득세와 상속세의 최대 세율을 90퍼센트 올리고, 이를 재원으로 삼아 모든 성인에게 일천수백만 엔씩을 지급하자고 제창합니다.* 물론 그런 재분배가 이루어지면 서민들의 생활이 안정되고 풍요로워질 것입니다.

하지만 이런 대규모 증세를 싫어하는 자본 측이 필사적으로 저항할 것은 불 보듯 뻔합니다. 피케티의 설명에는 BI의 경우와 마찬가지로 자본 파업에 맞서 이런 대담한 개혁을 할 수 있는 힘이 어디서 나오는지 불분명합니다.

결국 피케티와 같은 양심적인 엘리트들이 사회 전체를 위한 제도를 톱다운방식으로 설계한다는 '법학 환상'은 잘 작동하지 않습니다. 자본 파업을 이겨 낼 수 있는 어소시에이션의 힘을 키워야 하는데, 피케티가 제안하는 세제 개혁을 지지하는 운동이 애초에 어떻게 일어날지 분명하지 않습니다.

그리고 최근 '반긴축파'의 이론으로 주목받는 현대화폐이론(MMT, Modern Monetary Theory)에도 같은 문제가 있습니다. MMT는 자국 통화를 발행할 수 있는 정부는 재정적자를 확대해도 채무불이행이 되지 않기 때문에 재정적자일지라도 국가는 과도한 인플레이션이 발생하지 않는 범위에서 지출을 해야 한다는 주장으로 주목을 받았습니다.

MMT가 주장하는 과감한 재정지출은 정부가 최저임금으로 일자리를 마련하고 원하는 모든 사람에게 일자리를 제공하는 '고용보장 프로그램'과 한 세트로 생활을 보장합니다. 이를 통해 친환경적이고 지속 가능한 사회로 전환하는 데 필요한 일자리를 적극 창출하면서 경제성장을 도모하겠다는 것입니다.

* 토마 피케티, 『자본과 이데올로기』(안준범 옮김, 문학동네, 2020), 1035~1042쪽.—옮긴이

그런데 이러면 잘될까요? 적극적 재정이라 하더라도 공적 투자로 비중이 이동하여 어디에 투자할지를 정부가 결정하는 것은 자본이 여전히 싫어할 것입니다. 투자 여부의 자유로운 판단권을 완전히 장악하는 것이 자본이 가진 권력의 원천이고, 그 힘을 지키기 위해 필사적으로 저항할 것입니다.

하지만 MMT에서 공적 투자에 의한 자본 관리는 중요합니다. 만약 화폐를 마구잡이로 뿌리는 형태가 되면 사회보장이나 친환경적 일자리뿐 아니라 군비나 불필요한 공공사업에 사용되어 버릴 수도 있기 때문입니다. 혹은 화폐를 뿌리는 과정에서 이권이 생겨 대기업만 이득을 보게 될 수도 있습니다.

한편, 정부의 시장개입이 커지고 탈탄소, 인권보호 등 규제를 강화할수록 자본의 반발도 거세질 것입니다. 그렇게 되면 자본이 국내 투자에서 철수하기 시작하고, 통화가치가 하락해 인플레이션 압력이 높아질 수 있습니다. 그러면 증세나 금리인상을 통한 경기 긴축이 필요하게 됩니다. 이러한 자본 파업을 이겨낼 수 있는 힘이 MMT의 경제정책에는 없습니다.

결국 톱다운식으로 대담한 정책을 실행하려고 해도 국가가 자본 파업에 굴복하지 않기 위해서는 상당한 어소시에이션의 힘이 필요합니다. 이때 어소시에이션에 요구되는 것은 노동자들이 무엇에 투자할지, 어떻게 일할지 등을 스스로 결정할 수 있도록 생산의 실권을 쥐여 주는 것입니다.

물론 그러한 생산 영역의 개혁이 매우 어렵다는 것은 자명한 사실이지만, 그렇다고 해서 자본과 임금노동의 힘의 균형을 바꾸는 근본적인 과제에서 눈을 돌려서는 안 됩니다. 하지만 그 어소시에이션을 만드는 관점이 BI에도, 피케티에게도, MMT에도 부족합니다.

그리고 그것은 우연이 아닙니다. 계급투쟁이 없는 시대에 톱다운으로 할 수 있는 정치개혁이 BI이고, 세제 개혁이고, MMT이기 때문입니다. 이들은 정책이나 법의 논의가 선행되는 '법학환상'에 갇혀 있습니다.

이에 반해, 물상화, 어소시에이션, 계급투쟁이라는 마르크스의 독자적 관점을 이러한 정치개혁에 도입하는 것은 사고와 실천의 폭을 크게 넓혀 주며, 이러한 대담한 정책 제안을 실현하기 위해서도 필수적인 전제조건입니다.

° 상향식 사회변혁으로

이상의 논의에서 알 수 있듯이, 마르크스는 위로부터의 설계만으로 사회 전체가 좋은 방향으로 바뀔 수 있다는 사고방식을 버렸습니다.[이는 토머스 모어(Thomas More, 1478~1535)와 같은 설계주의적 유토피아주의와는 크게 다른 사고방식입니다.]

이 점은 매우 중요합니다. 왜냐하면 어소시에이션을 통한 탈상품화를 전략의 중심에 두는 것은 러시아혁명 이미지가 강한 20

세기형 사회변혁의 비전에 큰 변화를 요구하기 때문입니다. '톱다운'방식에서 '상향식'으로의 대전환이라고 할 수 있습니다.

이 변화는 마르크스 자신의 혁명관 변화에서도 드러납니다. 마르크스 역시 아직 젊었던 『공산당선언』(1848년) 단계에서는 공황을 계기로 국가권력을 탈취하고 생산수단을 **국유화**하는 '프롤레타리아독재'를 주장했습니다. 그러나 『자본론』에서는 논의의 초점이 크게 달라집니다. 『자본론』에서 그런 공황 대망론(待望論)은 찾아볼 수 없게 됩니다(프롤레타리아독재의 생각을 버린 것은 아니지만요).

오히려 이 책의 2장과 3장에서도 보았듯이 마르크스는 『자본론』에서 노동시간 단축과 기능 훈련에 역점을 두었습니다. 혁명의 책인데도 강조한 것은 자본주의 내부에서 일어나는 어소시에이션에 의한 개량입니다.

이러한 강조점 변화의 배경에는 마르크스가 혁명의 어려움을 인식한 점이 있습니다. 마르크스의 『공산당선언』에는 노동자의 궁핍화와 공황으로 인해 머지않아 혁명이 일어나고, 이를 통해 사회주의 체제를 수립할 수 있으리라고 낙관적으로 생각한 구절이 있습니다. 그러나 1848년 혁명에서 노동자 봉기는 실패로 돌아갔고 자본주의는 되살아났습니다. 1857년 시작된 공황 때도 마찬가지였습니다.

자본주의의 끈질긴 생명력 앞에서 마르크스는 그 힘의 원천을 탐구할 필요성을 통감했습니다. 그것이 마르크스를 경제학 비판으로 이끌었고, 그 연구 성과인 『자본론』에서 마르크스는 낙관적인 변혁 비전을 버리고 혁명을 향한 자본주의 수정에 무게를 두게 됩니다.

이때 마르크스는 임금인상보다 노동시간 단축을 중시했는데, 이 역시 물상화라는 관점에서 보면 그 이유를 알 수 있습니다. 시급을 올리는 것도 물론 의미가 있지만, 더 오래 일해 화폐를 얻고자 하는 욕망에서 노동자들은 해방되지 못합니다. 오히려 점점 더 화폐에 의존하게 됩니다. 욕망은 무한하기 때문입니다.

실제로 서구 복지국가는 노동시간 단축을 채택했습니다. 예를 들어 프랑스는 노동시간이 주 35시간입니다. 이러한 노동시간 단축은 노동자에게 여가(자유 시간)가 생기게 합니다. 하지만 여가가 생겨도 일요일에 모든 가게가 문을 연다면, 결국 자본주의에 먹히고 말 것입니다. 그래서 일요일에는 식당이나 미술관 등을 제외하고 백화점, 쇼핑몰, 슈퍼마켓 등은 원칙적으로 문을 닫는 것입니다.

가게가 문을 닫았기 때문에 자본주의적 소비활동을 아예 할 수 없게 됩니다. '윈도쇼핑'은 일본에서 흔히 오해되듯이 돈이 없어 가게 밖에서 브랜드 상품을 구경하는 일을 말하는 것이 아닙니다. 일요일에 가게가 문을 닫았기 때문에 어쩔 수 없이 밖에서 구경하는 것입니다.

가게가 문을 닫기 때문에 여가를 보내는 다른 방법이 필연적으로 생겨납니다. 카페에서 독서하고, 정치 이야기를 하는 사람도 있습니다. 스포츠 팀에서 축구하는 사람도 있습니다. 정원이나 농장을 가꾸어도 좋습니다. 시위나 자원봉사를 하는 사람도 있습니다.

바로 탈상품화와 결합된 여가는 비자본주의적 활동과 능력 개발의 터전을 마련해 줍니다. 그것이 또 다른 어소시에이션의 발전과 탈상품화의 가능성을 넓혀 가는 것으로도 이어집니다. 이리하여 가성비 사고로 회수되지 않는 사회적 부의 풍요가 양성될 수 있습니다.

° 복지국가의 한계

그렇다고 복지국가도 자본주의의 문제를 완전히 해결하지는 못합니다. 부분적 개혁은 자본주의의 틀 안에서도 가능하지만, 전체로 보면 여전히 자본주의입니다. 이것이 여러 모순을 낳습니다. 여기서 복지국가의 한계를 네 가지 정도 짚어 보겠습니다.

첫 번째로 들 수 있는 것이 관료제의 비대화 문제입니다. 어소시에이션에서 출발했지만, 다양한 재화와 서비스를 국가에서 제공하면서 관료제는 점점 커져 갑니다. 여기서도 소련과 정도의 차이는 있지만 관료 지배와 비효율이라는 문제가 대두됩니다.

한편, 국민들도 어소시에이션에 자각적으로 참여하던 상태에서 대형 노동조합 간부들에게 맡기고 국가가 제공하는 서비스를 제공받기만 하는 수동적인 상태로 변해 갔습니다. 게다가 노동자계급은 자본가계급과 타협하는 과정에서 자신들도 자본주의적 가치관을 내면화하게 되었습니다. 그렇게 되면 어소시에이션의 힘은 약화되고 맙니다.

애초에 복지국가의 재분배정책이 가능하려면 고도의 경제성장이 필요했습니다. 따라서 발전도상국에서 값싼 식량과 자원을 가져오는 것은 자본가들뿐 아니라 노동자들에게도 바람직한 일로 여겨졌습니다. 고도 경제성장 시대에는 자동차, 에어컨, 텔레비전 등도 일반 가정에 보급되어 그들의 삶을 풍요롭게 만들었기 때문입니다. 그 결과, 노동자계급도 자본가와 한 패가 되어 더 약한 사람들을 착취·수탈해서 자신들의 생활 향상을 꾀하게 되었습니다.

여기서 드러나는 복지국가의 두 번째 한계는 남북문제입니다. 즉, 아무리 노동자계급의 삶이 탈상품화한 것처럼 보일지라도 이는 어디까지나 선진국 일국 내 (혹은 EU와 같은 한 지역 내) 이야기일 뿐, 그 자체가 외부의 발전도상국이나 구 식민지 국가에 대한 막대한 착취에 의존했다는 것입니다. 그럼에도 노동자들이 약자 착취를 비판하는 대신 자본주의의 은혜를 향수하며 만족하게 되었습니다. 독일의 사회학자 울리히 브란트(Ulrich Brand, 1967~)와 마르쿠스 비센(Markus Wissen, 1965~)은 이를 '제국적 생활양식(Imperial Mode of Living)'이라 부르며 비판합니다.*

이런 삶의 본질은 수탈과 외부화입니다. 이것이 세 번째 문제를 낳습니다. '제국적 생활양식'을 가능하게 하기 위해 이용된 것은 인간만이 아닙니다. 자연환경도 수탈되었습니다. 노동자계급의 생활개선이 우선시되면서 대량생산·대량소비의 라이프스타일이 확산되었습니다. 자연환경은 그 희생양이 되었습니다. 공해 문제와 경관 파괴가 발생했고, 복지국가는 환경운동계의 비판도 받게 되었습니다.

네 번째는 복지국가의 가부장적 성격, 즉 젠더 불평등을 재생산했다는 문제입니다. 노동운동은 결국 다수자로서 남성들의 운동으로 왜소화되어 버렸습니다. 남성이 노동자로서 매일 일할 수 있도록 하기 위한 돌봄노동, 재생산 노동은 여성의 일로 간주되었고, 요리, 세탁, 육아 등은 자본주의의 재생산에서 필수적인데도 임금이 전혀 지급되지 않은 채로 방치되었습니다. 물론 복지국가에서는 간병, 보육 등 재생산 노동이 '탈젠더화' 되는 측면도 있었지만, 대부분은 여전히 여성에게 강요된 채로 남아 있었습니다.

이러한 복지국가의 한계를 우리는 제대로 직시해야 합니다. 요컨대, 신자유주의의 모순이 노골화되는데도 복지국가 모델

---

* 울리히 브란트, 마르쿠스 비센, 『제국적 생활양식을 넘어서』(이신철 옮김, 에코리브르, 2020).—옮긴이

로 단순히 돌아가는 것은 가능하지도 바람직하지도 않습니다.

우선 복지국가를 가능하게 했던 고도 경제성장을 선진국에서 더 이상은 달성할 수 없습니다. 또 기후변화로 대표되는 지구의 한계 앞에서 더 이상의 외부화나 수탈도 가능하지 않습니다. 게다가 지금까지의 비판을 감안할 때, 선진국 중심적이고 관료적이고 남성 중심적인 운동은 사회를 변화시키는 데 필요한 확산력이 부족합니다.

즉, 계급뿐 아니라 젠더, 환경, 인종 문제를 다루는 새로운 어소시에이션과 탈상품화의 길을 다시 생각해야 합니다. 그리고 그것이 바로 '코먼'의 재생이며, 만년의 마르크스가 생각했던 '탈성장 코뮤니즘'입니다.

코뮤니즘이
불가능하다고
누가 말했나

Das Kapital.

왜 마르크스는 미래 사회상을
구체적으로 묘사하지 않았을까

이제 드디어 마르크스가 상상한 미래 사회의 모습을 살펴봅시다. 그런데 이 문제를 고민하다 보면 마르크스가 자본주의를 넘어선 사회의 모습을 애매하게 남겨 두었다는 난제에 곧바로 부딪히게 됩니다.

여기에는 그런 사회를 구체적으로 상상하는 것이 어렵다는 자명한 이유도 있고,『자본론』이 미완인 채로 끝났다는 이유도 있습니다.

하지만 또 다른 이유도 있습니다. 미래 사회를 상상할 때 현재의 가치관이나 상식을 무비판적으로 투영할 위험이 있다는 것입니다. 즉, 현재 사회의 욕망이나 젠더관 등을 바탕으로 미래 사회의 일하는 방식과 자유·평등을 구상하는 오류를 범할 수 있습니다. 마르크스는 미래 사회는 그때그때 사람들이 스스로 만들어 가는 것이라고 생각했기 때문에 굳이 구체적으로 묘사하지 않았습니다. 따라서 우리는 마르크스에게만 의존할 것이 아니라 우리 스스로 어떤 사회를 만들지 여러 시행착오를 거쳐야 합니다.

그런데 마르크스 연구자들은 소련이라는 '사회주의'를 표방한 체제가 있었다는 것에 안주해서 포스트자본주의의 가능성을 진지하게 고민하지 않았습니다. 그런 중에 소련의 붕괴를 맞이했고, 그 뒤 자본주의 이외의 사회상을 상상하는 것이 점점 더 어려워졌습니다. 이리하여 우리는 여태까지 자본주의를 대체할 새로운 사회상을 그려 내지 못했습니다.

이 난제를 회피하려는 듯 2000년 이후 마르크스의 『자본론』은 자본주의를 비판하는 책으로 읽히기 시작했습니다. 그렇게 함으로써 코뮤니즘론과 분리해서 『자본론』을 참조하면서 과로사라든가, 공황이라든가, 환경파괴라든가 하는 자본주의의 문제를 논하게 된 것이죠. 하지만 그것만으로는 부족하지 않을까요?

마르크스는 자신의 건강과 가족을 희생하면서까지 『자본론』을 집필했습니다. 자본주의사회를 극복하고 새로운 사회를 만들겠다는 필생의 프로젝트가 있었기 때문입니다. 하지만 마르크스주의에 편승하는 많은 사람은 더 이상 '코뮤니즘'을 내걸지 않습니다. '지나친' 자본주의를 비판할 뿐, 요컨대 신자유주의 비판에서 멈춘 것처럼 보입니다. 하지만 그렇게 되면 마르크스주의의 독자성은 사라지고, 그 존재 의의가 의문시되어도 도리가 없고, 쇠퇴하고 말 것입니다.

역시 우리는 **코뮤니즘이라는 유토피아를 상상하기 위해**『자본론』을 읽어야 합니다. 그래서 마지막 장에서는 이 난제에 감히 도전하려 합니다.

°『자본론』에 담지 못한 것들

앞 장에서도 언급했지만, 마르크스의 사상은 시대마다 크게 달라집니다. 따라서 어느 시기에 주목하느냐에 따라 논의 내용도 달라지는데, 필자는 만년의 마르크스에 주목하고 싶습니다.

망명지인 런던에서『자본론』집필에 착수한 마르크스는 1867년 제1권을 출간한 이후에도 매일 아침 9시부터 저녁 6시까지 대영박물관 열람실에 틀어박혀 연구를 계속했습니다. 하지만 건강이 악화되기도 해서 새로 공간(公刊)한 저작은 거의 없었습니다.

따라서 이러한 만년의 마르크스 사상을 제대로 알려면 엥겔스가 편집한『자본론』을 읽는 것뿐 아니라, 마르크스 자신이 쓴『자본론』초고나 준비 노트로 돌아가서『자본론』제2권, 제3권을 완성하기 위해 그가 어떤 연구를 했는지를 알 필요가 있습니다. 그것이 최근 들어 비로소 가능해졌습니다.

새로운 전집, MEGA로 간행된 발췌 노트를 검토하면 마르크스가 만년에 무엇을 공부하고 어떤 문제의식을 가졌는지 알 수 있기 때문입니다. 이 책 4장에서 언급한 리비히와 프라스에 관한 발췌 노트도 그렇지만, 거기에는 삼림파괴나 자원 고갈과 같은 환경문제에 관심이 깊어지는 것이 분명하게 기록되어 있습니다.

그러나 MEGA로 분명하게 된 것은 그것만이 아닙니다. 마르크스 자신의 이론을 전환하도록 몰아갔던 심리적 갈등도 새겨져 있습니다. 여기에서도 독해의 열쇠가 되는 것은 마르크스의 물질대사론입니다.

° 원고적(原古的) 공동체의 '평등'

사실 생태학과 함께 만년의 마르크스가 열심히 연구한 또 한 가지 주제가 있습니다. 바로 자본주의 이전의 서구, 혹은 당시 비서구 사회에 아직 존재했던 '공동체'입니다. 고대 게르만 민족의 마르크 협동체(Markgenossenschaft)*에 관심을 가진 것을 시작으로 고대 로마, 아메리카 선주민의 이로쿼이연맹(Iroquois League)**, 러시아의 미르(Mir)*** 공동체, 인도와 남미의 공동체까지 연구 범위를 넓혀 나갔습니다.

마르크스는 왜 공동체 사회에 관심을 가졌을까요? 마르크스가 이 주제에 관심을 갖게 된 계기는 마르크 협동체를 비롯한 '원고적' 공동체에서는 토지가 공유물로 취급되어 사람들이 '평등하게' 살았다는 점이었습니다.

마르크스는 독일 법제사가 게오르크 루트비히 폰 마우러 (Georg Ludwig von Maurer, 1790~1872)가 쓴 마르크 협동체에 관한 책을 읽을 때도 몇 년마다 여러 차례에 걸쳐 상세한 발췌 노트를 작성했습니다. 그리고 이러한 평등에 관한 서술 중에서, 마르크스는 프라스에서와 마찬가지로 마우러의 저서에서도 '사회주의적 경향'을 발견했습니다. 그들의 저작은 자본주의와 같은 불평등 사회가 필연적이지 않다는 역사적 사실을 분명히 보여 주기 때문입니다.

자연과학과 공동체를 동시에 연구하던 마르크스는 자연의 '지속가능성'과 인간 사회의 '평등'의 강력한 연관성을 깨닫게 됩니다.

왜냐하면 부가 편재하면 거기에서 권력과 지배-종속 관계가 생겨나고, 이를 더욱 공고히 하기 위해 인간과 자연에서 약탈이 시작되기 때문입니다. 그 결과 자원이 고갈되면, 이번에는 서로 탈취하는 싸움이 벌어집니다. 그런 상황에서는 도저히 사회의 번영을 실현할 수 없습니다.

* 마르크 협동체: 농지(마르크)를 소유하고 공동 이용하던 마을.

** 이로쿼이연맹: 북아메리카 동부의 삼림지대에 거주하던 이로쿼이족 여섯 부족으로 구성된 공동체.

*** 미르 공동체: 농업용 토지를 공동으로 소유하고 경영은 개별적으로 하는 자연발생적인 자치조직.

그래서 전(前) 자본주의사회의 다양한 공동체는 전통과 종교, 토지의 공동소유, 추첨에 의한 토지 재분배 등 다양한 수단을 사용해 부의 편중을 방지했습니다.

실제로 공동체 사회에서는 타인에게 강요할 수 없습니다. 상대방은 마음에 들지 않으면 그 공동체를 나가 버릴지도 모르며, 반대로 자신도 모두에게 미움을 받으면 떠나야 할 수 있습니다. 이처럼 권력에 의한 지배관계가 없는 상태, 그것이 바로 평등입니다. 이렇게 공동체 사회에 대한 일반적 이미지와는 반대로 오히려 개인은 주종 관계 없이 자율적으로 행동할 수 있었습니다.

° '유물사관'으로부터의 전향

그렇다면 마르크스가 주목했던 원고적 공동체는 어떻게 '지속가능성'과 '평등'을 양립시킬 수 있었을까요? 거기에는 자본주의와는 전혀 다른 방식으로 인간과 자연의 물질대사 작용이 이루어졌기 때문입니다. 이 점을 연구하는 것이 마르크스의 공동체 연구 목적이었습니다.

18세기 초까지 서민들의 삶에 뚜렷한 변화는 없었다고 케인스가 지적했듯이(이 책 3장 참조), 이러한 공동체에서는 매년 기본적으로 동일한 생산 활동이 반복되었습니다. 정해진 시기에, 정해진 작물을 심었습니다. 작물 재배와 수확은 축제나 의식과 연계되어 공동체 전체의 사업으로 관리되었습니다. 경제학자 로버트 하일브로너(Robert Heilbroner, 1919~2005)의 분류에 따르면, 공동체의 경제 시스템은 '전통'에 의존한 것이었습니다.*

공동체에서는 '부'가 일부 사람에게 편중되거나 서로 탈취하지 않도록 생산 규모나 개인이 소유 가능한 재산에 강한 규제를 두었습니다. 이를 통해 인구와 자본, 생산과 소비의 총량이 변함없이 유지되는 '정상형(定常型, stationary state) 경제'를 실현했습니다.

또 먼 곳과의 교역도 한정되어 있어서 자급자족에 가까운 '순환형 경제'를 실현하고 있었습니다. 그래서 비약적인 생산력 증대도, 토양을 피폐시키는 일도 없었고, 자연에 필요 이상의 부하를 거는 일도 없었습니다.

하지만 자본주의의 '울타리 치기'와 공업화 때문에 자연이 지닌 힘이 파괴되어 갔습니다. 그 귀결은 4장에서 살펴본 바와 같습니다.

하지만 그런 공동체가 먼 과거에만 존재한 것은 아닙니다. 실은 마르크스의 동시대에도 있었습니다. 바로 러시아입니다. 그래서 러시아의 농경 공동체인 미르를 마르크스는 만년에 특히 열심히 연구한 것입니다.

* 로버트 하일브로너, 윌리엄 밀버그, 『자본주의 어디서 와서 어디로 가는가』(홍기빈 옮김, 미지북스, 2016).—옮긴이

러시아 공동체를 연구하게 된 직접적 계기는 『자본론』의 러시아어 번역본을 내려고 러시아 혁명가들과 교류하게 된 일입니다. 마르크스는 그 과정에서 러시아어를 독학으로 배우기 시작했고, 최신 문헌을 원전으로 찾아 읽게 됩니다.

더욱 흥미롭게도 마르크스는 서구 사회와 비교하여 미르의 '경제적 우위'까지 인정했습니다. 근대화가 진전되지 않은 농경 공동체인데도 말입니다. 왜 그랬을까요? 그것은 미르에서 바로 정상형의 공동노동·공동소유를 실현하고 있었고, 그것이 평등과 지속가능성의 원천이 되었기 때문입니다.

이 점이 매우 중요합니다. 왜냐하면 마르크스에게 이 점은 매우 큰 입장 전환을 의미하기 때문입니다.

일반적인 마르크스 이해에 따르면, 생산력을 발전시키는 것이 역사를 더 높은 단계로 발전시키는 원동력이라고 합니다. 이를 '유물사관'이라 부릅니다.

그런데 이런 역사관은 기술혁신이 쉽사리 진전된 선진국이 세계에서 가장 진보적인 지역이라는 주장과 연결되고 맙니다. 그렇게 되면 '야만인'을 계몽하기 위해 자본주의에 의한 '문명화'가 필요하다는 식으로, 식민지지배가 정당화될 수 있습니다. '유물사관'이 인종차별의 원인이 되는 것이죠. 사실 마르크스는 20세기에 들어서면서 '유럽중심주의 사상가'라고 거듭 비판받아 왔습니다.

하지만 마르크스 자신은 러시아와 다른 비서구 공동체를 연구하면서 그런 역사관과 결별하게 됩니다. 즉, 서구가 잃어버린 평등과 지속가능성을 아직 간직하고 있는 공동체 사회의 가능성을 높이 평가하게 되었고, 심지어 그것이 코뮤니즘의 기반이 된다고까지 말했습니다.

° '탈성장 코뮤니즘'으로

마르크스가 만년에 얻은 새로운 역사관이 가장 뚜렷하게 드러나는 자료는 1881년 러시아의 여성 혁명가 베라 자술리치(Vera Zasulich, 1849~1919)에게 보낸 편지 초안입니다. 그 안에는 다음과 같은 구절이 있습니다.

> **유럽에서 유일한 러시아 공동체는 여전히 광대한 제국의**
> **농촌 생활에서 지배적인 형태입니다. 토지의 공동소유가**
> **집단적 영유권의 자연적 기초를 제공하고, 또 그 역사적 환경,**
> **즉 토지의 공동소유가 자본주의적 생산과 동시에 존재하는**
> **상황이 협동노동의 대규모 조직을 위한 물질적 조건을 완성된**
> **형태로 제공합니다. 따라서 그것은 카우디움의 멍에 문(Caudine**
> **Forks)*을 통과하지 않고도 자본주의 제도가 만들어 낸 긍정적**
> **성과들을 자기 안에 통합할 수 있습니다. (중략) 현재의 형태에서**
> **정상적(正常的) 상태에 놓인 다음에는 근대사회가 지향하는 경제**

제도의 직접적 출발점이 될 수 있으며, 또한 자살하는 것에서 시작하지 않고도 다시 태어날 수 있는 것입니다.

(『전집』 제19권 408쪽)

마르크스에 따르면 러시아는 자본주의라는 굴욕적인 길('카우디움의 멍에 문*')을 거치지 않고 미르의 공동성(共同性)을 기초로 하여 단숨에 코뮤니즘에 도달할 수 있습니다.

즉, 자본주의를 무리하게 도입하여 공동체를 파괴할 필요가 없다는 것입니다. 그런 외부의 강제력 없이 러시아 공동체는 서구 자본주의의 열매를 잘 받아들이기만 하면 스스로의 힘으로 코뮤니즘("근대사회가 지향하는 경제 제도")를 구축할 수 있다는 것입니다. 이러한 발언은 마르크스가 유럽중심주의의 진보 사관을 버리고 자신의 역사관을 크게 바꾸었음을 시사합니다.

그다음 주목하고 싶은 것은 같은 편지의 다음과 같은 발언입니다.

자본주의는 서구에서도, 미국에서도, 노동자 대중과도, 과학과도, 또 이 제도가 만들어 내는 생산력 자체와도 투쟁 상태에 있으며, 한마디로 말해 위기에 처해 있습니다. (중략)

* 카우디움의 멍에 문: 카우디움의 협곡에서 벌어진 삼니움전쟁(Samnite Wars, BCE 321)에서 항복한 로마 병사들이 반나체 상태로 적군 삼니움족 앞에서 창으로 만든 멍에 문 아래를 기어서 통과해야 했던 굴욕을 말한다.―옮긴이

그 위기는 자본주의 제도의 소멸로 종결될 것이며, 또한 근대사회가 가장 원고적인 유형의 좀 더 고차적 형태인 집단적 생산과 영유로 복귀함으로써 종결될 것입니다. (『전집』제19권 393쪽)

여기서는 오히려 서유럽이 자체의 위기를 해결하기 위해서는 미르에서 볼 수 있는 공동체 사회로 '복귀'해야 한다고 말하고 있습니다. 물론 문명과 기술을 버리고 자연으로 돌아간다는 의미는 아닙니다. 그래서 마르크스는 '고차적'이라고 덧붙인 것입니다.

마르크스가 단순히 자본주의에서 근대화를 무제한으로 진행하면 좋다고 생각하지 않았다는 것은 인용문에서도 알 수 있습니다. 무한한 자본의 가치 증식과 경쟁을 위한 기술혁신은 '회복 불가능한 균열'을 낳기 때문입니다.

여기서 공동체 사회가 전통에 의존하는 정상형(定常型)의 지속 가능한 사회였다는 점을 상기해 봅시다. 즉, 만년의 마르크스는 서유럽 사회도 그런 사회로 이행할 필요가 있다고 생각했던 것입니다.

마르크스가 존 스튜어트 밀(John Stuart Mill, 1806~1873)을 참조하며 지향했던 부는 개인 자산의 액수나 GDP로 측정할 수 있는 그런 것이 아닙니다. (애초에 GDP는 행복의 정도도, 식수의 깨끗함도 측정할 수 없죠!) 근대화와 경제성장만을 중시하는 방식에서 벗어나 인간과 자연의 공존을 중시하고, 부의 풍요를 되찾을 것을 요구했던 것입니다.

다시 말하지만, 그런 '고차적' 공동체 사회를 실현하는 데 무한한 경제성장은 필요하지 않습니다. 생산력을 무한정 끌어올릴 필요도 없습니다. 그래서 필자는 이것을 '탈성장'형 경제라고 부릅니다. 즉, 만년의 마르크스가 생각한 코뮤니즘의 상은 '탈성장 코뮤니즘'인 것입니다. 그리고 이것이야말로 강대국이 되는 것을 목표로 했던 소련이나 중국과는 전혀 다른 포스트자본주의사회의 가능성을 열어 줍니다.

° '각자는 능력에 따라, 각자에게는 필요에 따라!'

그러나 매우 안타깝게도 마르크스는 '탈성장 코뮤니즘'론을 정리된 모습으로 전개하지 않았습니다. 그 점에서 21세기를 살아가는 우리는 마르크스와 함께 사고하면서, 그러나 동시에 **마르크스를 넘어서** 새로운 사회 비전을 만들어 낼 필요가 있습니다. (이 점에 대해서는 필자의 『인신세의 자본론』*도 함께 읽어봐 주십시오.)

그렇다면 마르크스는 구체적으로 어떤 미래 사회를 구상했을

* 사이토 고헤이, 『지속 불가능 자본주의』(김영현 옮김, 다다서재, 2021).—옮긴이

chapter 6 _____

까요? 그 힌트가 되는 구절이 『자본론』 제1권 말미에 있습니다.

**부정의 부정은 생산자의 사적소유를 재건하는 것이 아니라,
자본주의 시대의 성과를 바탕으로 개인적 소유를 만들어 낸다.
즉, 협업과 지구와 노동에 의해 생산된 생산수단을 코먼으로서
점유하는 것을 기초로 한 개인적 소유를 재건한다.** (791/1046)

여기서 필자가 '지구'라고 번역한 단어 에르데(Erde)는 '대지' '토지'로 번역해 왔습니다. 왜 여기에서는 '지구'라고 번역했는가 하면, 마르크스는 '토지'라는 단어를 자연 전체와 같은 매우 넓은 의미와 개념으로 사용했기 때문입니다. 일반적으로 '토지'라고 하면 부동산과 관계된 이미지를 떠올리기 쉽지만, 마르크스는 그 토지에 살아 있는 초목이나, 그 토지에 흐르는 시냇물, 지하에 잠들어 있는 자원 등을 포함한 의미로 말했습니다.

그리고 '부정의 부정'은 자본의 본원적축적에 의해 '부정'되어 생산수단과 자연을 약탈당한 노동자들이 자본의 독점을 '부정'하고 해체하여 생산수단과 지구를 '코먼으로서' 되찾는다는 의미입니다. '코먼으로서'란 공유재산으로서라는 뜻입니다. 즉, 누구 한 사람이 독점 소유('사적소유')를 하지 않고, 모두가 공유합니다. 왜일까요? '지구'는 누구의 것도 아니기 때문입니다. 한 기업, 아니 현대 선진국의 우리가 마음대로 쓰고 고갈시키거나 파괴해도 되는 것이 아니기 때문입니다.

마르크스는 『자본론』 제3권 초고에서도 '지구'를 언급하면서
다음과 같이 썼습니다. (여기에서는 일반적 번역에서도 '지구'로 되
어 있습니다.)

**좀 더 고도의 경제적사회구성체 입장에서 볼 때, 한 개인이
지구를 사적으로 소유하는 것은 한 인간에 의한 다른 인간의
사적소유와 마찬가지로 완전히 우스꽝스러운 일로 나타날
것이다. 한 사회 전체조차, 한 나라조차, 아니 동시대 모든
사회를 하나로 묶은 것조차 지구의 소유자는 아니다. 그들은
지구의 점유자, 지구의 용익자(用益者)에 불과하며, 선량한
가장으로서 이를 개량하여 다음 세대에 물려주어야 한다.***

물이나 숲, 혹은 지하자원과 같은 근원적인 부는 국가나 시장
이 아닌 어소시에이션을 통해 '코먼'으로서 모두가 함께, 지속
가능한 방식으로 관리하자는 것입니다.

예를 들어, 모두가 함께 사과를 재배한다고 가정해 봅시다.
수확해서 모두에게 분배된 사과는 각자의 '개인 소유'가 됩니
다. 하지만 사과밭이나 사과 재배에 필요한 도구, 혹은 재배법
같은 '지식'은 모두의 공유재산입니다. 그것을 '사적소유'로 만
들 필요는 없습니다. 자본주의 아래에서 울타리 쳐져 독점적으

---

* 카를 마르크스, 『자본론』 제3권(김수행 옮김, 비봉출판사, 2015), 984쪽.—옮긴이

로 소유되어 온 '부'를 사람들이 되찾아 생산자 차원에서 공동 소유·공동관리를 하자는 것입니다.

요컨대, 마르크스가 상상한 미래 사회는 '코먼의 재생'에 다름 아닙니다. 코먼(common)에 기반한 사회야말로 코뮤니즘(communism)입니다. 쉽게 말해, 사회의 '부'가 '상품'으로 나타나지 않도록 모두가 공유하고 자치 관리하는 평등하고 지속 가능한 정상형 경제사회를 만년의 마르크스는 구상했던 것입니다.

이때 어떻게 부를 코먼으로 공유하느냐 하면, 이렇습니다.

각자는 그의 능력에 따라, 각자에게는 그의 필요에 따라! (『전집』 제19권 21쪽)**

마르크스가 만년인 1875년에 쓴 『고타강령 비판』***의 한 구절입니다. 이 구절에 숨어 있는 단어를 보충하면, 사람들은 각자의 능력에 따라 **주고**, 필요에 따라 **수취한다**는 것입니다.

** 칼 맑스, 「고타강령 초안 비판」, 『칼 맑스 프리드리히 엥겔스 저작 선집』 제4권(최인호 외 옮김, 박종철출판사, 1995), 377쪽.—옮긴이

*** 『고타강령 비판』: 1875년 5월 독일사회주의노동자당 결성 당시 전독일노동자협회(라살레파)와 사회민주노동자당(아이제나흐파)이 고타(Gotha)시에서 합동 대회를 열었을 때 채택한 「고타강령」에 대해, 라이벌이던 페르디난트 라살레(Ferdinand Lassalle, 1825~1864)의 영향력 확대를 간파한 마르크스가 이를 비판할 목적으로 발표한 문서이다. [이 문서의 한국어판으로는 칼 맑스, 「고타강령 초안 비판」, 『칼 맑스 프리드리히 엥겔스 저작 선집』 제4권(최인호 외 옮김, 박종철출판사, 1995)을 참고할 수 있다.—옮긴이]

자본주의에서 지배적인 상품교환에서는 그렇지 않습니다. 상품교환은 등가의 것을 교환합니다. 서로 빌려주지 않고, 교환하고 나면 '안녕' 하고 작별하는 메마른 세상입니다.

이에 반해 코뮤니즘은 증여의 세계라 할 수 있습니다. 등가교환을 요구하지 않는 '증여', 즉 자신의 능력과 시간을 활용해 커뮤니티에 기여하고 서로를 돕는 사회입니다. 물론 '증여'라고 해서 그냥 베풀기만 하지는 않고, 반대로 내게 필요한 것은 척척 받으면 됩니다. 그렇게 나눔을 실천하여 생활에 필요한 식량, 토지, 도구, 나아가 지식 등 부(富)의 풍요를 공유하자는 것입니다.

서로서로 주고받습니다. 세상에는 수학을 못하지만 몸을 움직이는 것을 좋아하는 사람도 있고, 말은 서툴지만 그림은 잘 그리는 사람도 있습니다. 운동신경은 떨어지지만 공부를 잘하는 사람도 있습니다. 사람의 능력은 다르기 때문에 각자의 장점을 살려 서로 돕는 사회입니다. 능력의 차이는 당연한 것입니다. 그리고 어려울 때는 도와 달라고 말해도 괜찮습니다.

흔히 사회주의를 국가가 개인의 다양한 차이를 무시하고 무리하게 획일적인 평등을 초래하는 사상으로 오해하는 사람들이 있는데, 그럴 필요는 어디에도 없습니다. 탈성장 코뮤니즘의 핵심은 지금 사회처럼 각자가 지닌 개성을 이렇게 큰 경제적 불평등으로 연결시킬 필요가 어디에도 없다는 것입니다.

° 파리코뮌의 경험

그런데 왜 만년에 이르러서야 마르크스의 미래 사회 비전에 이런 큰 전환이 일어났을까요? 만년의 러시아 연구 결과라고 말하는 것만으로는 설득력이 부족하다고 느끼는 독자도 있을 것입니다.

실은 큰 계기가 또 하나 있었습니다. 바로 파리코뮌이라는 사건입니다.

1871년 2월 선거 후 프로이센과 싸우던 프랑스의 아돌프 티에르(Adolphe Thiers, 1797~1877)가 이끄는 새 정부는 파리 점령을 용인하는 형태로 프로이센과 강화(講和)합니다. 이에 격노한 파리 시민들이 무장봉기를 일으키자 티에르 일당은 파리를 버리고 베르사유로 도주했습니다. 그 결과 수립된 혁명 자치체가 바로 파리코뮌입니다.

프랑스 정부 측의 베르사유 군대에 진압되기까지 약 2개월밖에 존재하지 않았지만, 세계 최초의 '노동자 자치 정부'로 역사에 이름을 남겼습니다. 마르크스도 『프랑스 내전』(1871년)이라는 책을 써서 그 흥분을 기록했습니다.*

하지만 마르크스는 처음에는 파리 시민들의 봉기에 회의적이었습니다. 시기상조인 혁명은 실패할 테고, 쓸데없는 희생만

---

* 칼 맑스, 『프랑스 내전』(안효상 옮김, 박종철출판사, 2003).—옮긴이

낳을 것이라고 생각했습니다. 하지만 아나키스트들의 분투에도 힘입어 노동자 자치 정부가 수립되면서 코뮌에 대한 마르크스의 평가는 긍정적으로 바뀌었습니다. 군대에 진압되기까지 2개월 동안 자본주의의 중심부에 새로운 사회의 존재 방식이 구현되었다는 사실이 만년의 마르크스의 사고를 크게 변화시켰습니다.

파리코뮌이 중요한 이유는 사회주의의 결점으로 자주 거론되는, 관료 지배가 획일성을 강요하고 자유와 민주주의를 희생시킨다는 비판이 전혀 해당되지 않는 사회를 실현했기 때문입니다. 오히려 일반 남녀가 참여한 코뮌은 다양성이 넘치고, 민주적이고 평화적인 자치 조직이었습니다. 코뮌에는 외국인의 참여가 모두 허용되었습니다.

또 국가의 폭력 장치인 군대와 경찰이 해체되었습니다. 그리고 관료제를 해체하기 위해 노동자들 자신이 구성원이 된 의회는 입법뿐 아니라 그것의 집행도 행하는 행정기관으로 거듭났습니다. 물론 거기에도 몇몇 관료 기능은 남아 있었지만, 그 임금은 일반 노동자 수준으로 낮췄고, 시민이 선출하고 언제든지 소환할 수 있는 대표자로 대체되었습니다. 그리고 성직자들은 '생활의 은둔처로 보내졌으며'(교회나 학교 등 공공장소의 직무에서 추방), 교회의 재산은 몰수되었습니다.

노동 현장에도 큰 변화가 일어났습니다. 가혹한 야간근로와 아동노동은 폐지되었습니다. 그 대신 교육도 무상화, 비종교화되어 모든 아이에게 무상으로 제공되었습니다. 교육 현장에서 교회와 국가의 영향력이 제거되었고, 노동자들 자신이 가르칠 수 있게 되었으며, 남녀의 임금격차도 사라졌습니다. 학교는 일종의 직업학교로 거듭났고 계급, 젠더, 인종의 차이에 관계없이 '구상과 실행의 분리'를 극복하는 것을 목표로 삼았습니다.

바로 특권계급 없는 어소시에이션과 협동조합이 코뮌에서 속속 생겨났습니다. 이것이야말로 바로 '노동의 민주주의' '코먼'의 재생입니다. 즉, 자본주의의 중심지인 파리에서, 화폐와 상품을 교환해 자본을 늘리는 것이 목적이 아닌, 증여와 상호부조에 기반한 실천이 퍼져 나갔습니다. 그리고 이러한 경제 영역의 대개혁을 기초로 국가가 아닌, 코뮌이라는 형태의 완전히 새로운 민주적 정치형태가 실현된 것입니다.

이 사건의 경험이 코뮤니즘에 관한 마르크스의 생각을 확실히 바꾸었습니다. 예를 들어 『공산당선언』(초판 1848년)에 추가된 「독일어판 서문」(1872년)에서는 『프랑스 내전』을 인용하면서 다음과 같이 말하게 되었습니다.

> 파리코뮌에서 얻은 실천적 경험에 비추어 볼 때, 이 강령은 오늘날에는 곳곳에서 시대에 뒤떨어진 것이 되었다. 특히 코뮌은 '노동자계급은 기존의 국가기관을 그대로 빼앗아 자신의 목적을 위해 사용할 수는 없다'(중략)는 것을 증명했다.
>
> (무라타 요이치 옮김, 『전집』 제4권 590~591쪽)*

여기에서 1848년 집필 당시에서 인식이 변화했다는 것이 강조되고 있음을 알 수 있습니다. 『공산당선언』에는 혁명으로 국가권력을 탈취하고 그 힘을 사회주의 수립에 사용할 수 있다고 소박하게 생각한 구절이 있습니다. 하지만 파리코뮌의 경험을 거치면서 진정으로 평등하고 민주적인 사회를 만들기 위해서는 국가권력을 사용하는 것 이외의 길을 시도할 필요가 있다는 점을 강조하게 된 것입니다.

° 오래되고 새로운 '코뮌'

파리코뮌의 경험이 만년의 마르크스를 러시아의 미르를 중심으로 한 공동체 연구로 향하게 했다고 보는 것이 자연스럽습니다. 만년의 마르크스 연구에서는 서구의 '코뮌'과 러시아의 '공동체'가 서로 호응하고 있기 때문입니다.

물론 당시 마르크스가 읽은 마우러나 프라스 등의 문헌에서 전개되는 고대사회나 러시아 사회에 대한 인식에 대해 현대의 지식으로 그 오류를 지적하는 것은 가능합니다. 하지만 그렇다고 해서 노쇠한 마르크스가 이국의 전근대사회를 잘못 이상화

---

* 카를 마르크스, 프리드리히 엥겔스, 『공산당선언』(이진우 옮김, 책세상, 2018), 102쪽.—옮긴이

했다는 식으로 생각해서는 안 됩니다.

여기서 중요한 것은 마르크스가 과거의 공동체 사회에서 발견한 것이 단순한 공상은 아니라는 사실입니다. 오히려 파리코뮌이라는, 돌연 현대자본주의의 중심에 나타난 '포스트자본주의'의 모습을, 마르크스는 러시아의 전(前) 자본주의사회에서 재발견했던 것입니다. 시대와 지역이 떨어져 있는 양자(兩者)가 서로 공명(共鳴)하며 아나크로니즘(시대착오)이 현실로 되었습니다. 『마르크스의 유령들』**이라는 책에 나오는 자크 데리다(Jacques Derrida, 1930~2004)의 표현을 빌리자면, 여기서는 "시간이 탈구(脫臼)하고 있습니다(The time is out of joint)".***

경제성장을 절대 목표로 삼는 것도 아니고, 국가에 의존하는 것도 아닙니다. 그런 공동체 사회가 과거에 존재했다는 사실, 그리고 현대에도 가능하다는 사실이 중첩됩니다. 마르크스는 "가장 오래된 것 속에서 가장 최신의 것을 발견"한 것입니다 (1868년 3월 25일 엥겔스에게 보낸 편지).

이 대목에서 오래된 코뮤니즘과 새로운 코뮤니즘의 연속성을 발견하는 마르크스의 모습을 볼 수 있습니다. 그것은 국가와 관료가 중심이 되어 근대화를 추진하는 소련이나 중국과는 전

** 자크 데리다, 『마르크스의 유령들』(진태원 옮김, 그린비, 2014).―옮긴이

*** 시간이 탈구하고 있다: 이 표현은 원래 셰익스피어의 『햄릿』에 나오는 표현으로서, 햄릿이 무질서와 혼돈 상태의 세상을 두고 한 말이다.―옮긴이

혀 다른 코뮤니즘의 모습입니다.

국가의 강력한 통제를 거부하고 자본의 폐지를 지향한다는 의미에서 파리코뮌 이후 마르크스의 사상을 '아나키스트 코뮤니즘'이라 부르고 싶습니다[참고로 이 말을 처음 사용한 사람은 조제프 데자크(Joseph Déjacque, 1821~1865)라고 합니다. 그는 마르크스의 논적이던 피에르조제프 프루동(Pierre-Joseph Proudhon, 1809~1865)을 준엄하게 비판하는 동시에, 탈성장형 미래 사회를 전망한 러시아 아나키스트 표트르 크로폿킨(Pyotr Kropotkin, 1842~1921)에게 큰 영향을 끼친 인물입니다].

아나키즘이긴 하지만 개인주의도 아니고, 무질서한 무정부 상태도 아닙니다. 국가와 자본에 의한 지배·종속 관계를 몰아내고자 아래로부터 연대를 지향하는 '어소시에이션주의'를 말합니다.

20세기 역사에서 자본의 힘을 제어하기 위해 동측에서는 소련형 사회주의가, 서측에서는 복지국가형 자본주의가 확립되어 서로 견제하게 됩니다. 그 결과 서측도 동측도 생산력을 높이기 위해 국가가 중심이 되어 경제를 관리하는 성장 모델로 수렴하게 됩니다.

성장주의라는 틀로 자본주의의 대안 구상이 왜소화되고 국가권력 지향이 강화되면서 마르크스주의는 아나키즘과 대립하게 됩니다. 바로 그 과정에서 놓친 것이 말년의 마르크스의 '코먼' 사상입니다.

이제 소련은 존재하지 않고, 복지국가도 쇠퇴하고 있습니다. 하지만 BI나 MMT 같은 좌파의 '법학 환상'을 보면 20세기 국가주의의 굴레에서 아직 벗어나지 못했음을 알 수 있습니다. 그리고 바로 그 점이 포스트자본주의를 구상하는 우리의 상상력을 빈곤하게 하고 있습니다. 바로 그 때문에 '아나키스트 코뮤니즘'이라는 발상이 필요합니다.

° 노동자 협동조합의 잠재력

그렇다면 마르크스는 파리코뮌에서 어떤 미래 사회의 가능성을 발견했을까요? 마르크스는 『프랑스 내전』에서 이례적으로 '코뮤니즘'이라는 단어를 사용하며 다음과 같이 말했습니다.

> **만약 협동조합적 생산이 공허한 가상이나 사기에 머물러서는 안 된다면, 만약 그것이 자본주의 시스템을 대체한다면, 만약 협동조합 연합체가 한 공동 계획을 바탕으로 전국적인 생산을 조정하고 이를 자신의 통제 아래 두어 자본주의 생산의 숙명인 끊임없는 무정부상태와 주기적 경련을 종식시킨다면 — 여러분, 그것이야말로 코뮤니즘, '가능한' 코뮤니즘이 아니고 무엇이겠습니까?** (『전집』제17권 319~320쪽)[*]

여기에는 협동조합적 생산이 코뮤니즘의 기초라고 되어 있습니다. 마르크스가 염두에 둔 것이 국가가 중심이 되는 소련형 '사회주의'와는 크게 다름을 알 수 있습니다.

하지만 협동조합이 무엇인지에 대해서는 좀 더 설명이 필요할 것 같네요. 생협이나 신용금고 등도 협동조합이지만, 마르크스가 염두에 둔 것은 노동자 협동조합입니다.

실은 2022년 10월, 일본에서도 드디어 「노동자 협동조합법」이 시행되었습니다. 하지만 아직 많이 알려지지 않았기 때문에 그 이념을 조금 설명해 드리겠습니다.

협동조합에서는 구성원인 노동자들이 스스로 출자해 공동경영자가 됩니다. 그렇게 함으로써 노동자들은 능동적이고 민주적인 방식으로 생산에 관한 의사결정을 지향합니다. 자본가에게 고용되어 임금을 받는 임금노동 형태가 종언을 고하고, 주체적이고 민주적으로 회사를 경영하는 것이죠.

협동조합에서 만드는 것은 그것이 없어도 별로 곤란하지 않은 사치품이 아니라, 사람들이 살아가는 데 없어서는 안 되는 필수품입니다. '신기한 것'이라는 부가가치를 만들어 내기 위해 과도한 광고를 하지도 않습니다. 그리고 SNS나 스마트폰 게임처럼 중독성이 있어서 우리의 시간과 데이터를 빼앗아 가는 것도 만들지 않습니다. 그보다 노동자의 일하는 보람과 지역의 니

---

* 칼 맑스, 『프랑스 내전』(안효상 옮김, 박종철출판사, 2003), 92쪽.—옮긴이

chapter 6 _____

즈를 중시하는 것이 노동자 협동조합입니다. 노동자 협동조합에서 생산에 필요한 지식과 생산수단, 생산물이 '코먼'이 되는 것입니다.

이때 '코먼'을 미시적이고 사소한 변혁으로 보는 시각은 일면적입니다. 일본의 노동자 협동조합은 지역 보육이나 간병, 임업이나 청소업 등이 중심이지만, 사업의 가능성은 무궁무진합니다. 해외, 특히 스페인과 이탈리아에서는 가전산업, 농업, 출판업 등 다양한 분야에서 사업을 전개하고 있습니다.

또 협동조합은 소셜 비즈니스나 지자체와도 연계해 더 넓은 거시적 범위에서 어소시에이션을 구축할 수 있습니다. 이것은 코먼을 관리하는 여러 연합체가 서로 생산을 조정하는 모습입니다.

그렇게 함으로써 사회에서 누가 무엇을 얼마나 필요로 하는지 모른 채 무계획적으로 생산하는 자본주의사회의 존재 방식이 서서히 억제될 것입니다. 마르크스는 자본주의의 특징인 무계획적 분업에 기반한 상품생산의 존재 방식을 '사적 노동'이라 불렀는데, 이러한 사적 노동을 없애고 임금노동을 폐기하는 것이 어소시에이션 사회의 목표입니다.

이는 일견, 분업이 복잡해진 현대사회에서는 실현 불가능하다고 생각될지도 모르겠습니다. 하지만 ICT(정보통신기술)와 알고리즘이 발전하고 있는 현대사회에서 사적 노동의 폐기가 현실화될 여지는 오히려 비약적으로 확장되고 있습니다.

실제로 대기업의 글로벌 공급망은 자신들이 필요로 하는 것을 시장 거래를 거치지 않고도 상당한 규모로 확보하고 있습니다. 이를 노동자 스스로가 능동적으로 관리하는 생산체제로 전환하려는 것이죠.

물론 지금의 생산 규모를 유지할 필요는 어디에도 없습니다. 불필요한 상품이나 과잉된 품목을 줄이고, 지역에서 생산한 것은 되도록 그 지역에서 소비하는 방식을 적용, 꼭 필요한 수요를 반영한 생산으로 규모를 줄이는 것도 신기술의 힘을 최대한 활용할 수 있는 방법일 것입니다.

° '사용가치 경제'로의 대전환을 위해

이렇게 탈상품화로 '코먼'을 늘리고, 노동자 협동조합과 노동조합을 통해 사적 노동을 제한해 나갑니다. 그리고 무한한 경제성장을 우선시하는 사회에서 사람들의 니즈를 충족하는 사용가치를 중시하는 사회로 전환하는 것입니다.

팬데믹 당시 자본주의의 돈벌이 논리가 사회를 뒤덮어 필수품을 스스로 생산할 수 없게 되었다는 사실이 판명된 선진국의 경우, 자급자족형 '사용가치 경제'로의 전환은 필수적입니다. 이는 전쟁, 인플레이션, 기후 위기로 경제성장이 어려워지고 식량과 에너지 부족, 공급망 교란과 같은 안보 리스크가 커지는 시대의 자기 방위책이기도 합니다.

대량생산과 대량소비가 사라진 사용가치 경제에서는 과도한 광고, 잦은 모델 변경, 계획적인 진부화(陳腐化) 등도 불필요합니다. 마케팅, 광고, 컨설턴트 등 사용가치를 생산하지 않는 일은 더 줄여도 좋을 것입니다. (적어도 그들이 필수 인력보다 몇 배의 급여를 받을 필연성은 어디에도 없습니다.)

남은 일을 '워크 셰어(work share, 일자리 나누기)' 하면 노동시간을 단축할 수 있고, 자유 시간이 증대됩니다. 이때 워크 셰어의 이념에 부합되도록 임금노동과 가사노동의 구별도 없어져야 합니다. 후자를 여성에게만 떠넘기지 말고, 여러 가지 일을 모두 돌아가며 하면서 나누는 것이죠.

노동자 자신이 무엇을 어떻게 만들지 결정할 수 있게 되면, 구상과 실행의 분리가 극복될 것입니다. 그러면 기술은 노동자를 관리·지배하는 수단에서 능력의 차이를 극복하고 자유롭게 일할 수 있도록 도와주는 보조 수단으로 바뀌게 됩니다. 즉, 기술혁신의 성과는 더 많은 (쓸모없는) 상품을 만드는 데 쓰이는 것이 아니라, 노동시간을 단축하고 능력의 차이를 메우고, 작업을 좀 더 평등하게 수행하는 데 쓰이게 됩니다.

그렇게 되면 일부 사람만이 즐겁고 보람 있는 일을 독점하고 다른 사람에게 명령하면서 돈을 버는 반면, 특정 사람은 언제나 간병, 세탁, 요리와 같은 돌봄노동을 하도록 강요당하는 사회적 분업은 폐지됩니다.

물론 여전히 고도의 스킬을 필요로 하는 일이 존재하기 때문에 모든 일을 누구나 돌아가며 할 수 있는 것은 아닙니다. 하지만 그 경우에도 현재 사회처럼 고도의 기술을 필요로 하는 일에 필요 이상으로 높은 임금이 지급될 필연성은 없습니다. 그 대신 노동시간을 단축하는 형태로 보상과 인센티브를 주는 사회가 되면 어떨까요?

이러한 대전환의 끝에 있는 것이 탈성장 코뮤니즘입니다. 코뮤니즘은 교육, 의료, 이동수단 등이 무상으로 제공되고, 음식, 옷, 책 등도 점차 서로 증여하여 주고받게 되는 사회입니다. 또 직업훈련, 데이케어(day care), 육아 지원이 충분히 정비·공급됨으로써 누구나 자신의 능력을 전면적으로 꽃피울 수 있는 사회입니다. 이것이 바로 "각 개인의 자유로운 발전이 만인의 자유로운 발전을 위한 하나의 조건이 되는 어소시에이션"인 것입니다[『공산당선언』(앞의 한국어판, 48쪽─옮긴이)].

° 민영화가 아닌 '시민영화(市民營化)'로

황당무계한 이야기처럼 들릴지 모르지만, 코먼을 기초로 한 코뮤니즘의 원리는 자본주의사회에서도 항상 작용하고 있습니다. 친구의 이사를 도와주는 일처럼 손익을 따지지 않고 서로 돕는 것도 그중 하나입니다.

또 아이의 친구가 놀러 와서 식사를 제공한 부모가 상대방 부모에게 그 대금을 청구하지 않습니다. 다음 기회에 상대방의 집에서 밥을 먹거나, 물려받은 양복을 선물로 받거나, 그런 것이 바로 증여의 교환입니다.

즉, 우리 모두는 일상에서 커뮤니티를 형성하고 있습니다. 회사에서도 동료를 돕지 않습니까? 그런 의미에서 자본주의조차 코뮤니즘 없이는 성립할 수 없습니다.

그런 실천을 친구나 가족에게만 국한시킬 필요는 없습니다. 적어도 우리는 상품과 화폐에 의존하지 않는 '코먼'의 관계를 지금보다 더 넓힐 수 있습니다.

자본주의가 폭주하는 가운데, '코먼'의 영역을 넓히려는 움직임은 실제로 존재합니다. 시민이 출자해 전기를 지역에서 생산해 지역에서 소비하는 '시민 전력' 시도, 인터넷 앱으로 기술과 물건을 공유하는 '공유경제'도 확산되고 있습니다. 필자는 이런 움직임을 신자유주의 '민영화'에 저항하는 '시민영화'라고 부릅니다.

물론 '시민영화'가 진행되더라도 여전히 여러 재화와 서비스가 화폐를 통해 상품으로 교환될 테고, 그러한 한에서 시장은 남아 있을 것입니다. 하지만 자본주의 이전 사회에서도 시장은 있었기 때문에 굳이 시장을 완전히 부정할 필요는 없습니다. 자본주의의 특징은 상품이 **모든 것을** 뒤덮어 버리고, 단지 자본을 늘리기 위해 인간과 자연을 수탈하는 데 있습니다.

'시민영화'와 '코먼'이 크게 확산되었을 때의 시장 모습은 지금과는 그 양상이 크게 달라져 있을 것입니다. 왜냐하면 사람들이 상품과 화폐에만 전적으로 의존하는 일이 없어지고, 상호부조가 확대되면서 이윤 획득을 목적으로 하는 동기도 약화되기 때문입니다.

° 사회의 부가 넘쳐 난다

이러한 미래 사회에서 회복될 부의 풍요에 대해 마르크스는 유명한 대목에서 다음과 같이 표현했습니다. 다시 『고타강령 비판』에서 인용하겠습니다.

> 코뮤니즘의 더 높은 단계에서, 즉 개인이 분업에 노예와 같이
> 종속되지 않고, 그것과 함께 정신노동과 육체노동의 대립이
> 사라진 다음, 노동이 단순히 생활을 위한 수단일 뿐 아니라 노동
> 자체가 제1의 생명 욕구가 된 다음, 개인의 전면적인 발전과 함께
> 그 생산력도 증대되고, 협동적 부의 모든 샘이 더욱 풍부하게
> 솟아나게 된 다음, 그제야 비로소 부르주아적 권리의 좁은
> 시야를 완전히 넘어설 수 있고, 사회는 그 깃발 위에 이렇게 쓸
> 수 있다. ― 각자는 그의 능력에 따라, 각자에게는 그의 필요에
> 따라! (『전집』 제19권 21쪽)*

chapter 6 _____

여기서도 묘사된 것처럼, 코뮤니즘에서는 '구상과 실행의 분리'가 사라지고 고정적인 분업도 사라집니다. 이윤추구를 위해 무리하게 생산성을 높여서 대량생산하는 일도 없어지는 것이죠.

하지만 자본주의가 만들어 내는 낭비와 독점, 민영화가 사라지면 사회의 '협동적 부'는 모두에게 '풍부하게 샘솟게' 됩니다. 마르크스가 구상한 미래 사회는 코먼을 기반으로 한 '풍요로운' 사회입니다. 여기서 말하는 부의 풍요는 생산력을 끊임없이 끌어올린 끝에 얻어지는 단순한 물질적 풍요가 아닙니다. 그렇다면 우리는 언제까지나 '부르주아적 권리의 좁은 시야'에 갇혀 있을 테지요. 그게 아니라 워크 셰어, 상호부조, 증여에 의해 탈상품화된 '코먼'의 영역을 늘려 가면서 누구에게나 필요한 것이 충분히 돌아갈 수 있는 윤택함을 만들어 내는 것입니다.

물론, 마음대로 부를 낭비하는 것은 아닙니다. 앞서 인용한 지구를 코먼으로 만든다는 구절을 떠올려 보세요. 우리는 지구를 선대로부터 물려받아 미래세대에게 남겨 줄 필요가 있습니다. 자연 자원과 지구환경은 개인의 필요를 채우기 위해 마음대로 이용해도 되는 것이 아닙니다. 따라서 각 개인의 '필요'도 타인의 존엄성과 상호부조라는 관계 속에서 구체화되는 것입니다.

* 칼 맑스, 「고타강령 초안 비판」, 『칼 맑스 프리드리히 엥겔스 저작 선집』 제4권(최인호 외 옮김, 박종철출판사, 1995), 377쪽.—옮긴이

우리가 지향하는 것은 돈이 있고 없음에 관계없이 모두에게 중요한 것을 모두가 관리하고 공유할 수 있는 풍요이며, 모든 사람이 '전면적으로 발달한 개인'(이 책 3장 참조)으로서 살아갈 수 있는 사회입니다. 상품으로 전락한 사회의 '부'가 갖는 잠재력을 최대한 발휘하고 더욱 발전시킬 수 있는 사회라고 말해도 좋을 것입니다.

이 대전환의 결과, 경제성장을 목적으로 하지 않는 탈성장형 사회가 실현되고, 생산은 비로소 지속 가능해집니다. 그리고 '회복 불가능한 균열'도 복구됩니다.

이와 같은 마르크스 해석을 엉뚱하다고 느끼는 사람도 있을 것입니다. 그러나 그것은 우리가 20세기 사회주의 이미지에 갇혀 있기 때문입니다. 당시 이런 생각을 했던 사람은 마르크스만이 아니었습니다.

파리코뮌의 영향을 받은 동시대 사회주의자들도 소비주의가 아닌 미래 사회의 부의 윤택함을 강조했습니다. 예를 들어, 마르크스로부터 큰 영향을 받은 사회주의자 윌리엄 모리스(William Morris, 1834~1896)도 '부'에 대해 다음과 같이 말했습니다.

부는 자연이 우리에게 주는 것이며, 도리를 아는 인간이 도리에 맞는 용도를 위해 자연의 은혜 속에서 만들어 낸 것이다. 햇빛, 신선한 공기, 훼손되지 않은 땅, 음식, 필요하고 보기 흉하지 않은 의복과 주거, 모든 종류의 지식 축적과 그것을 전파하는 힘,

인간과 인간이 자유롭게 소통할 수 있는 수단, 예술 작품, 인간이 가장 인간적이고, 향상심에 불타고, 가장 사려 깊을 때 창조하는 아름다움, 즉 자유롭고 인간적이고 타락하지 않은 인간의 즐거움, 이를 위해 도움이 되는 모든 것. 그것이 바로 부이다.

(시로시타 마치코 옮김, 「의미 있는 노동과 무의미한 노고」, 『소박하고 평등한 사회를 위하여』, 150쪽)

모리스도 자본주의에서 독점에 의해 발생하는 '인공적 빈곤'을 비판했습니다. 그리고 모든 부의 창조를, 일하는 기쁨을 가져다주고 각자의 재능을 꽃피우는 '예술'로 재정의하고자 했습니다. 이를 위해 협동조합 운동을 하면서 '부'의 개념을 확장했던 것입니다.

모리스가 생각하는 부의 풍요는 소비주의적 부의 존재 방식과 전혀 다릅니다. 이는 이 책 1장에서 살펴본 『자본론』 첫머리에 나오는 부의 이야기와 호응합니다. 모리스는 프랑스어판 『자본론』이 너덜너덜해질 때까지 들고 다니며 읽었다고 합니다.

러시아혁명 이전 파리코뮌을 경험한 19세기 말 사회주의자들에게는 우리가 묘사한 소련이나 중국의 '사회주의'보다도 이렇게 '협동적 부'의 풍요를 실현하는 어소시에이션형 사회가 오히려 더 현실적이었습니다. 그런 경험을 바탕으로 모리스는 그 유명한 『유토피아에서 온 소식(News from Nowhere)』*을 쓴 것입니다.

° 파리코뮌은 왜 실패했을까

　물론『유토피아에서 온 소식』의 세계를 실현하기란 매우 어렵다는 것을 필자도 부인하지 않습니다. 파리코뮌도 '잠시' 존재했을 뿐입니다.

　파리코뮌이 1871년 5월 말 군대에 진압된 원인 중 하나는 코뮌이 고립되어 있었기 때문입니다. 경찰이 봉쇄선을 쳤기 때문에 지방과의 교류는 풍선이나 전서구(傳書鳩, 통신용 비둘기)로 이루어졌고, 중간에 파리와 지방을 왕래할 수 있는 여권까지 부활했습니다.

　그 결과 지방 사람들은 '신문의 비방과 중상모략'을 통해서만 코뮌에서 벌어지는 시도를 알 수 있었다고 마르크스는『프랑스 내전』제1 초고에서 말했습니다. 사실, 코뮌은 농민의 이익을 반영하고 무거운 세금, 저당 채무, 징병제에서의 해방을 목표로 삼았는데도 양자가 마치 대립하는 것처럼 선전되었습니다. 그래서 농민들은 코뮌을 위해 함께 싸우려고 하지 않았습니다.

　파리와 지방은 분단되었습니다. 파리 시민들만으로는 정부의 베르사유 군대를 이길 수 없음이 분명했습니다. 도시 노동자들은 지방의 '생생한 이익' '현실적 필요'에 부응하여 농민들과 연대하는 것이 불가능하다면 자본을 이길 수 없었습니다. 그러

* 윌리엄 모리스,『에코토피아 뉴스』(박홍규 옮김, 필맥, 2004).─옮긴이

나 이 분단을 극복하는 것은 불가능했습니다.

이 점에서도 러시아와 파리는 공명합니다. 왜냐하면 러시아의 미르 공동체 역시 산발적이고 고립된 상태로 존재했기 때문입니다. 그래서는 미르가 러시아제국을 이길 수 없다는 것을 마르크스는 알고 있었습니다.

자술리치에게 보낸 편지 초고에서도 "한 공동체의 생활과 다른 여러 공동체 생활 간 연결의 결여"로 특징지어진 미르의 "국지적 소우주성"을 "모든 의미에서 유해한" "약점"이라고 지적했습니다. 바로 이 때문에 서유럽 자본주의가 가져온 철도, 전신 등의 성과를 러시아 사회가 제대로 받아들이는 것이 중요하다고 마르크스는 역설했습니다.

이처럼 '도시와 농촌의 대립'을 극복하는 일은 만년의 마르크스에게 본질적인 과제였습니다. 마르크스는 1870년대 이후 러시아의 농촌공동체와 비서구·전 자본주의사회를 열심히 연구했는데, 그 배경에는 도시와 농촌, 노동자와 농민, 자본주의의 중심과 주변 관계를 둘러싼 질문을, 파리코뮌의 패배를 복기하면서, 다시 생각하게 된 측면도 있습니다.

이 '도시와 농촌의 대립'에 대한 이야기를 일국 내에 한정할 필요는 없습니다. 도시와 지방의 분단뿐 아니라 선진국과 발전도상국의 분단을 극복하지 않고서는 자본주의에 맞설 수 없기 때문입니다.

이리하여 마르크스의 관심은 최후까지 점점 더 넓어졌습니다. 그러나 그것은 동시에 『자본론』의 완성을 더 어렵게 했습니다. 결국 미완성으로 끝난 『자본론』은 미래 사회의 모습과 그곳에 도달하는 길을 그려 내지 못했습니다.

그렇다면 마르크스의 생각은 결국 실현 불가능한 망상에 불과했을까요?

° 각지에서 움직이기 시작한 '어소시에이션'

사실 세계로 눈을 돌리면, '도시와 농촌의 대립'을 극복하는 '어소시에이션'을 만들려는 움직임이 21세기에 들어서면서 시작되었음을 알 수 있습니다. 그리고 그 시도가 코로나 사태와 기후변화를 맞아 더욱 확산되고 있습니다.

지금 세계적으로 큰 주목을 받는 것은 스페인 제2의 도시 바르셀로나에서 시작된 '뮤니서펄리즘(municipalism, 지역자치주의)'*의 국제적 네트워크입니다.

그중에서도 2050년까지 탈탄소 사회 실현을 목표로 하는 암스테르담시가 코로나 사태 속에서 옥스퍼드대학교 경제학자

---

* 뮤니서펄리즘: 원어는 지방정부를 뜻하는 뮤니서펄리티(municipality)로, 정치참여를 선거에 국한하지 않고, 지역에 뿌리를 둔 자치적 민주주의와 합의 형성을 중요시하는 운동이다.

케이트 레이워스(Kate Raworth, 1970~)의 '도넛 경제' 개념**을 도 입하겠다고 발표해 화제가 되고 있습니다.

먼저 '도넛 경제'에 대해 간단히 설명해 보겠습니다(235쪽 그림 참조). 도넛의 안쪽 윤곽은 사회적 기반을 나타냅니다. 교육, 민주주의, 주택, 전기 등에 대한 접근성이 불충분하게 되면 사람들은 도넛 구멍에 빠지고 맙니다. 반면 바깥쪽 윤곽은 지구의 환경적 상한(planetary boundary, 혹성적 상한선)을 나타냅니다. 따라서 무분별하게 에너지와 자원을 사용하다 보면 이 바깥쪽 윤곽을 뚫고 나가 지구는 파괴되고 말 것입니다. 그래서 되도록 많은 사람이 이 두 원 사이(도넛의 몸통 부분)에 들어갈 수 있는 삶을 실현할 필요가 있다는 것이 레이워스의 생각입니다.

하지만 자본주의는 불평등을 계속 확대하면서 글로벌 사우스(Global South)***의 사람들이 도넛의 몸통 부분에 들어가는 것조차 허용하지 않았고, 또 무한 경제성장을 목표로 한 선진국의 방만한 생활은 도넛의 바깥쪽 원을 돌파했습니다. 이제까지의 경제성장 편중을 근본적으로 시정하고 탈성장형 경제로 전환할 것을 도넛 경제는 요구하고 있습니다.

** 케이트 레이워스, 『도넛 경제학』(홍기빈 옮김, 학고재, 2018).—옮긴이

*** 글로벌 사우스: 지구 북반구에 위치한 국가들과 남반구에 위치한 국가들의 불평등을 둘러싸고 기존에는 '남북문제'라는 단어를 사용했으나, 급속히 진행되는 세계화와 신자유주의 확장을 배경으로 새로운 시각에서 '남쪽'과 '북쪽'을 대비하여 '남쪽'을 포괄적으로 지칭하는 말이다.

레이워스가 코뮤니즘을 요구하는 것은 아닙니다. 하지만 도 넛 경제에 담긴 사고방식은 자산에 대한 기존 관점을 크게 바꿔 놓습니다.

예를 들어, 지금까지는 부동산 가격이 오르면 투자라는 관점 에서 환영받았고, 도시개발이 성공한 증거로 여겨졌습니다. 하 지만 그것이 많은 사람의 주거환경을 위협한다면—암스테르담 에서는 다섯 명 중 한 명은 임차료를 충분히 지불할 수 없는 수 준입니다—부동산 매매 규제, 자산에 대한 과세, 공공임대주택 확충이 요구될 것입니다.

또한 더 공정한 사회를 실현하기 위해서는 발전도상국에 대 한 선진국의 착취도 멈춰야 합니다. 따라서 암스테르담은 서아 프리카의 카카오, 방글라데시의 양복, 스마트폰과 컴퓨터에 사 용되는, 콩고의 콜탄 광석 생산에서 자행되는 착취와 환경파 괴를 투명하게 공개하고 시정해야 한다고 펨커 할세마(Femke Halsema, 1966~) 시장은 말합니다.

물론 이를 위해서는 네덜란드 노동자들에게 안정적인 일자 리를 보장하고, 그들이 값싼 상품을 살 수밖에 없는 불평등구조 를 근본적으로 변화시킬 필요가 있습니다. 이렇게 환경파괴와 빈곤을 동시에 해결하기 위해 암스테르담 시민들은 완전히 새 로운 도시의 미래를 고민하고 있습니다.

보통의 경제학자라면 환경의 지속가능성과 시민의 생활개선 을 양립할 수 있게 하려면 전례 없는 기술혁신과 경제성장이 필

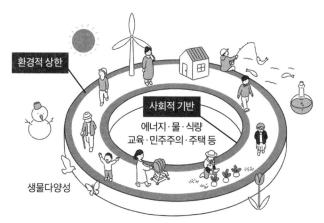

환경과 사회적 기반이 적절하게 보호된다.
사람들은 안전하고 공정하게 살 수 있다.

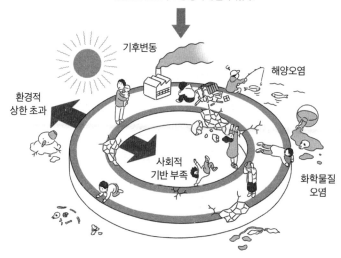

케이트 레이워스의 '도넛 경제' 아이디어

(케이트 레이워스의 발표 자료를 토대로 작성.)

환경과 사회적 기반이 적정하게 유지되면 사람들은 안전하고 공정하게 살 수 있다.
환경파괴가 허용 범위를 넘어 사회를 지탱하는 인프라가 부족해지면 사람들은
도넛의 구멍에 빠지게 된다.

요하다고 말할 것입니다. 하지만 암스테르담은 성장에 의존하지 않는 도시 만들기로 방향을 틀었습니다.

그 밖에도 많은 사례가 있습니다. 뮤니서펄리즘의 움직임에 촉발되어 독일 베를린주에서도 임차료 상승에 반대하는 주민들이 중심이 된 주민투표가 2021년 9월에 실시되었습니다. 그 내용은 아파트를 3000채 이상 소유한 부동산 회사에 대해 주정부가 일부 아파트를 강제 매입해 공공주택으로 만들자는 매우 대담한 제안입니다. 게다가 이 제안은 다수가 찬성했습니다. 유감스럽게도 법적 구속력은 없지만, 주정부는 이러한 제안을 검토하지 않으면 안 되게 되었습니다. 어쨌든 이런 상당히 대담한 제안을 사람들이 받아들였다는 것이 자본주의에 위협이 되기 시작했습니다.

민영화나 긴축과 같은 신자유주의 정책을 밀어붙이는 국가나, 사회의 부를 상품화하려는 글로벌기업에 대해 '두려움 없이' NO를 외치며 주민 전체를 위해 행동하는 혁신적인 자치체들이 생겨나고 있는데, 한 도시만으로는 대응할 수 없을지도 모릅니다. 바로 그 때문에 암스테르담과 베를린의 도전은 국경을 넘어 글로벌 사우스와도 연대하면서 글로벌 자본주의에 맞서는 자세를 보여 주고 있습니다.

° 바로 지금 마르크스에게 배운다

글로벌 자본주의에 대항하기 위해 지역의 커뮤니티와 지방 자치단체가 글로벌하게 연결되기 시작했습니다.—이것은 과연 무엇을 의미할까요?

최근의 경제적 불평등, 기후변화, 여기에 겹친 이번의 팬데믹과 전쟁. '자본주의는 이제 한계에 이르렀는지도 모른다'라고 느끼는 사람이 젊은 세대를 중심으로 확실히 늘고 있습니다. '앞으로도 지금처럼 경제성장과 기술혁신을 계속하면 언젠가는 모두가 풍요로워질 것'이라는 '낙수효과(trickle down)'의 신화는 이제 설득력을 잃었습니다.

그렇다면 우리는 어떤 사회, 어떤 세상에서 살고 싶은가요? 이를 위해 어떤 선택을 해야 할까요? 시급한 과제이지만, 그 분명한 답은 지금 우리에게 없습니다.

하지만 그런 중에도 세계에서는 '코먼'의 영역을 넓히려는 움직임이 시민을 중심으로 확산되고 있고, 국제적 연대를 낳고 있습니다. 그런 사례들에서 배우면서 각자의 지식을 가져와서 편견 없이 모든 가능성을 생각하고 행동해야 할 때입니다.

마르크스에 따르면 변화의 담당자는 '프롤레타리아트'입니다. 프롤레타리아트라고 하면 남성 공장 노동자를 떠올리는 사람도 많겠지만, 자본주의 아래에서 부정적 영향을 받는 사람은 어떤 의미에서 모두 프롤레타리아트입니다.

장시간 노동과 저임금으로 피폐해진 필수 노동자, 일자리가 불안정해서 늘 스트레스를 받는 사람, 일에서 보람을 느끼지 못하는 사람도 마찬가지입니다. 일에서도, 일상생활에서도 우리는 시장 논리, 경쟁 원리에 휘둘리고 있습니다. 자본주의 아래에서 우리는 모두 프롤레타리아트입니다.

또 인종문제나 젠더 문제, 환경문제나 이민 문제도 자본주의의 영향을 강하게 받고 있습니다. 물론 자본주의가 없어진다고 해서 이런 문제들이 일거에 해결되지는 않습니다. 하지만 자본주의 아래에서 다양한 불평등이 생기고, 그 불평등이 다양한 '계급'을 만들고, 게다가 빈곤과 어려움이 고착화되기 때문에, 크게 개선될 것입니다.

자본주의는 불평등과 분단을 낳고, 약자들로부터 더 빼앗아 왔습니다. 그리고 시장은 화폐가 없는 사람들을 배제합니다. 이 때문에 상품화의 힘을 약화하고, 사람들이 참여할 수 있는 민주주의의 영역을 경제 영역에까지 확대하자고 마르크스는 말합니다. 그것이 바로 모든 것의 '상품화(commodification)'에서 모든 것의 '코먼화(commonification)'로의 대전환을 향한 코뮤니즘의 투쟁입니다.

° 마르크스는 유토피아 사상가다

지금까지 마르크스의 『자본론』을 그가 만년에 집중한 사색의 발자취와 함께 독해했습니다. 이제 마르크스의 이미지가 달라지지 않았나요?

마르크스가 오늘날의 사회적, 경제적 과제에 대해 유일하고 절대적인 해답을 가진 것은 아닙니다. 하지만 적어도 그는 자본주의적 경제성장으로 문제 해결을 도모하는 방식과는 다른 길을 가장 체계적으로 추구한 사상가 중 한 명입니다.

지금과 같은 위기의 시대일수록 『자본론』을 읽고 자본주의사회의 '상식'을 넘어 지금과는 다른 풍요한 사회를 사고하는 상상력을 되찾고 행동으로 옮기는 계기가 되면 좋겠다고 간절히 바랍니다.

그런 오래된 책보다 최신의 경제학 연구서 등을 읽는 것이 낫지 않은가라고 느끼는 사람이 여전히 있을지 모르겠습니다. 19세기 마르크스의 사상이 왜 지금도 중요한가라고 말이죠.

그것은 마르크스가 혁명과 유토피아의 사상가이기 때문입니다. 제2차세계대전 이후에 등장한 사상에는 종종 다가올 시대에는 혁명도 세계대전도 없고 안정된 상황에서 경제성장을 추구할 수 있다는 암묵적 가정이 있었습니다. 그래서 사회민주주의 복지국가 노선처럼 국가를 잘 사용하여 사회를 서서히 개량해 나가면 좋다는 낙관적인 사상이 널리 받아들여졌습니다.

하지만 그런 낙관적인 미래 예측은 더 이상 통하지 않게 되었습니다. 일부 사람들은 인류의 진보 가능성을 거듭 주장하지만, 최근의 상황을 보면 금방 알 수 있듯이 앞으로의 세상은 더욱 혼돈된 상황에 빠질 가능성이 유감스럽게도 높습니다. 지금까지와 같은 상황이 계속되리라고 믿는 것이 공상적입니다.

실제로 신자유주의 시대는 끝났습니다. 전염병, 전쟁, 기후 위기 등 만성적 긴급사태의 시대에는 강한 국가가 요청되기 때문입니다. 이 만성적 긴급사태를 방치한다면 국가의 힘이 점점 더 강해져 파시즘과 전체주의로 나아갈 것입니다. 스탈린이나 히틀러의 재림은 물론 허용될 수 없습니다.

그런 '야만 상태'를 피하기 위해서는 불평등과 착취, 전쟁과 폭력, 식민지지배와 노예제 등의 문제를 직시하고 국가의 폭주에 저항하면서 자유와 평등의 가능성을 필사적으로 사고했던 사상가들의 지혜와 상상력에서 배워야 합니다.

이것이 바로 우리가 지금 『자본론』을 다시 읽어야 하는 이유입니다.

혁명의 시대에

자, 여러분은 2010년대를 어떻게 돌아보시나요? 필자는 '혁명'의 10년이었다고 생각합니다.

혁명? 그런 게 어디서 일어났어? 혁명 따위는 이미 오래전에 시대에 뒤떨어졌다고 느끼는 사람이 대부분일 것입니다. 자민당 정권은 안정되어 있고, 노동운동이나 학생운동 따위는 전혀 일어나지 않았습니다. 일본에서 가장 좌파적인 정당으로 꼽히는 일본공산당조차 겉으로는 '혁명'을 더 이상 내세우지 않습니다.

하지만 그런 일본에서도 2010년대 초반에는 후쿠시마원전사고를 계기로 반원전운동이 상당히 활발했습니다. 시위가 일어나지 않는다고 줄곧 말해지던 나라에서 오랜만에 큰 시위가 일어난 것이죠. 이 사건은 필자가 환경문제에 관심을 가지게 된 계기이기도 합니다.

하지만 원전은 여전히 가동되고 있습니다. 요즘은 전력난 때문에 원전 재가동은 물론 원전을 신설하자는 목소리가 나올 정도입니다. 반원전 싸움은 패배로 끝났습니다.

세계로 눈을 돌려 봅시다. 같은 시기 미국에서는 월가 점거 운동이 한창이었습니다. "우리가 99퍼센트다"라는 슬로건을 내걸고 뉴욕시의 주코티 공원을 점거한 젊은이들은 상위 1퍼센트 초부유층으로 부가 편중되는 현상을 비판했습니다.

아시다시피 이 운동도 몇 달 뒤 경찰의 진압으로 패배했습니다. 그럼에도 미국에서 자본주의를 비판하는 운동이 그토록 많은 지지를 받으리라고 누가 예상했을까요?

월가 점거 운동의 계기가 된 사건은 2011년 '아랍의 봄'이었습니다. 튀니지에서 불평등에 불만을 품은 청년의 분신자살을 계기로 중동과 아프리카 각국에서 잇따라 일어난 이 봉기는 이집트의 무바라크 정권, 리비아의 카다피 정권 등 수십 년 동안 지속된 독재정권을 무너뜨렸습니다. 하지만 여기에서도 튀니지의 '재스민혁명'을 제외하고는 많은 나라에서 혁명은 패배하고 독재정권이 부활하고 있습니다.

시위는 유럽으로도 확산되었습니다. 스페인에서는 '분노한 사람들'이 15M이라는 운동에 참여했습니다. 이 운동이 확산되어 좌파 포데모스가 정권을 잡았습니다. 그리스 경제위기에서 좌파 연합 시리자가 정권을 잡고 재정난을 해결하기 위해, 긴축재정정책을 추진하던 IMF(국제통화기금), EC(유럽위원회), ECB(유립중앙은행)의 '트로이카'에 도전했던 (그리고 여기서도 패배했던) 일을 기억하는 사람이 많을 것입니다.

조금 늦게 아시아에서도 타이완의 '해바라기 운동', 홍콩의 '우산 운동', 태국과 미얀마의 '밀크티 동맹' 등 민주화 운동이 벌어지고 있습니다.

그리고 지금 이 「에필로그」를 쓰는 순간에도 이란에서는 스물두 살 여성이 히잡으로 머리를 충분히 가리지 않았다는 이유로 도덕 경찰에 체포되어 구금 중 사망한 사건을 계기로 대규모 반정부 항의 활동이 일어나고 있습니다. 여성들이 자유와 평등을 요구하며—히잡을 쓰고 벗을 자유와 자전거를 탈 자유도 없고, 얼마 전까지만 해도 축구 관람조차 허용되지 않았기 때문에!—말 그대로 목숨을 걸고 싸우고 있습니다. 이 싸움의 결말은 아직 알 수 없지만, 여성들이 주도하는 세계사상 최초로 새로운 혁명의 가능성을 보여 주고 있습니다.

세계 도처에서 기존 방식에서 과감한 전환을 요구하는 목소리가 높아지고 있습니다. 1991년 소련의 붕괴 이후 글로벌 자본주의 시대가 열리면서 사회운동에는 거울의 시대가 계속되었습니다. 하지만 2010년대 이후 이 정체를 타파하는 변화가 전 세계적으로 나타나고 있습니다.

실제로 최근 구미에서는 밀레니얼세대(1980~1990년대 중반 출생 세대)와 Z세대(1990년대 후반 이후 출생 세대)로 불리는 젊은 층을 중심으로 '사회주의'를 긍정적으로 바라보는 사람들이 늘고 있습니다. 2016년 대선을 앞두고 민주사회주의자를 자인하는 버니 샌더스(Bernie Sanders, 1941~) 상원의원이 약진하는 이른바 '샌더스 돌풍'이 일어났습니다.

유엔 회의에서 각국의 기후변화 대책을 통렬하게 비판한 스웨덴의 환경운동가 그레타 툰베리(Greta Thunberg, 2003~)도 상징적입니다. 2018년, 열다섯 살에 기후변화 대책을 요구하며 홀로 학교 파업을 시작한 그의 행동은 큰 공감을 불러일으켰고, '미래를 위한 금요일' 운동이 전 세계로 퍼져 나갔습니다.

그레타 툰베리 역시 '무한한 경제성장이라는 우화'를 비판하며 자본주의를 대체할 '새로운 시스템'을 요구하고 있습니다. 많은 젊은이가 '제너레이션 레프트(Generation Left, 좌파 세대)'로서 사회주의 이념에 공감하고 있습니다.

필자는 이런 상황을 환영하는 동시에 우려하고 있습니다. 필자 역시 리먼 쇼크 이후 전환기에 20대를 보내며 마르크스를 공부하기로 결심하고 자본주의에 대한 사고를 심화시켜 왔습니다. 필자는 새로운 사회를 전망하려는 전 세계의 혁명적 시도에서 큰 자극을 받고 용기를 얻고 있습니다. 혁명의 시도는 '패배'를 거듭하고 있지만, 거기에는 공정한 사회를 실현하고자—때로는 목숨을 걸고—노력하는 동료들이 있습니다. 나는 그들과 앞으로도 연대하고 싶습니다.

한편, 사람들의 불만이 좋은 사회를 만드는 방향으로 나아간다는 보장은 어디에도 없습니다. 2010년대는 '혁명의 시대'인

동시에 '반동의 시대'이기도 했습니다. 실제로 전 세계적으로 민주주의와 정의를 요구하는 목소리를 억압적인 정권이 짓밟고 있습니다.

현실에 절망한 사람들은 불우한 처지에 대한 분노와 절망을 누군가에게 돌리기도 합니다. 이민자나 소수민족에 대한 배타주의, 장애인과 여성에 대한 살인사건, 우파 포퓰리즘 등의 움직임은 일본도 예외가 아닙니다.

현상에 대한 불만과 미래에 대한 두려움이 배타주의와 같은 반동적 욕망으로 전환되지 않도록 하려면 더 매력적인 다른 선택지가 존재한다는 것을 설득력 있게 보여 줄 필요가 있습니다. 하지만 그것은 쉬운 일이 아닙니다(만약 그것이 쉬웠다면 진보적인 일본인들도 이토록 침체되어 있지는 않았겠지요). 모두가 당연하다고 생각하는 것을 의심하고 다른 길을 생각하고 행동하기란 정말 어려운 일입니다. 그럼에도 누군가 먼저 문제 제기를 할 필요가 있습니다.

이 책은 『자본론』을 이용한 하나의 문제 제기입니다. 그래서 이 책은 입문서이지만, 자본주의 비판일 뿐 아니라 코뮤니즘론이기도 합니다. 마르크스에 대한 책은 엄청나게 많은데, 코뮤니즘이라는 관점에서 쓴 입문서가 없는 것이 현재의 마르크스주의나 좌파의 침체를 초래했다고 생각하기 때문입니다.

물론 이 책의 『자본론』 해석이 절대적으로 옳다고 말할 생각은 추호도 없습니다. 마르크스의 어느 시기를 주목하느냐, 어떤 논점을 강조하느냐에 따라 드러나는 모습은 상당히 달라질 수 있기 때문입니다.

예를 들어, 마르크스는 기술을 소박하게 찬양하지도 않았고, 그렇다고 무조건 거부하지도 않았습니다. 이 양면성을 어떻게 해석하느냐에 따라 마르크스사상은 다른 면모를 보이고, 그에 따라 미래 사회에 대한 구상도 달라집니다. 그래서 고전은 재미있습니다. 지금도 우리 자신의 문제의식을 비추는 거울로서『자본론』은 여러 번 다른 시각으로 다시 읽어 볼 가치가 있습니다.

이 위기의 시대에 여러분도『자본론』에 도전해 보시기 바랍니다. 분명 세상을 보는 눈이 달라질 것입니다.

자, 마지막으로 잠깐『자본론』입문서에 대한 독서 길잡이를 하겠습니다. 많은 입문서가 있지만, 여기서는 독특한 두 가지를 소개하고자 합니다.

하나는 요한 모스트(Johann Most, 1846~1906)의『마르크스 자신이 쓴 자본론 입문』(오쓰키쇼텐)입니다.* 이 책은 독일 사회민주노동당의 모스트가 옥중에서 집필한『자본론』입문서인『자본과 노동』을 마르크스가 대폭 수정한 작품입니다. 그야말로 마르크스 자신이 폭넓은 독자를 위해 쓴 '입문서의 완결판'이라

---

* 요한 모스트(카를 마르크스 개정·가필),『자본과 노동』(정연소 옮김, 한울아카데미, 2014).—옮긴이

할 수 있는 작품입니다.

또 하나는 『보급판 마르크스 경제학 렉시컨』(오쓰키쇼텐)입니다. 전후 일본을 대표하는 마르크스 연구자인 구루마 사메조(久留間鮫造, 1893~1982)가 편찬한 '렉시컨(Lexikon, 어휘·용어집)'은 '방법' '유물사관' '공황' '경쟁' 등 주제별로 마르크스가 어느 시대에, 어떤 논의를 했는지 망라했습니다. 컴퓨터를 이용한 어휘 검색이 불가능했던 시대에 이 정도의 어휘집을 만들어 낸 열정에 압도당할 수밖에 없습니다. 상당히 두꺼운 책이기 때문에 다 읽기는 어려울 수도 있습니다. 하지만 마르크스와 함께 마르크스에 입문하는 데 최고의 작품임에는 틀림없습니다. 꼭 한번 손에 잡아 보세요.

MZ세대 문법으로 쓴
혁신적인 『자본론』 입문서

           이 책은 사이토 고헤이(斎藤幸平, 1987~)의 『제로에서 시작하는 자본론』(『ゼロからの「資本論」』, NHK出版新書, 2023, 238쪽)을 완역한 것이다. 저자는 이 책이 2021년 1월과 12월 《NHK교육TV》가 방영한 저자의 연속 강연 〈NHK 100분 de 명저〉 강의록, 『카를 마르크스 자본론』(『カール·マルクス資本論』, NHK出版, 2021)을 대폭 가필한 것임을 밝히고 있다. 이 책은 작년 초(2023년 1월) 출판된 후 1년이 지난 현재까지 15만 부 넘게 팔렸으며, 만화책 『만화로 알 수 있어! 마르크스 자본론으로 탈성장의 힌트를 배우다』(『マンガでわかる！100分de名著マルクス資本論に脱成長のヒントを学ぶ』, 宝島社, 2022)도 출판되어 있다.

    마르크스의 『자본론』 해설서 책들은 대동소이한 것들이 이미 많이 출간되어 있어서 마르크스주의 서적 독자층이 세계적으로 가장 많은 나라로 알려진 일본에서도 5000부 이상 팔리는 경우는 아주 드물다. 하지만 이 책은 『자본론』 입문서를 표방했음에도 불구하고 출간된 지 1년 만에 15만 부를 돌파했다. 이는 저자의 전작 『인신세의 자본론』(『人新世の「資本論」』, 集英社, 2020)이 출간 이후 60만 부 이상 판매되어 저자가 인기 작가가 된 덕분도 있지만, 이 책의 특유한 매력 없이는 가능하지 않은 일이다. 예컨대 「『자본론』과 빨간 잉크」라는 제목의 프롤로그에서부터 돋보이는 서술 형식의 참신함, 담백하며 스트레이트한 구어체 문장, 『자본론』의 주요 명제나 문구에 대한 해석 관련 논쟁(이는 『자본론』을 해설한 기존 책들에 거의 예외 없이 포함되어 있다)을 거두절미하고 곧바로 문제의 핵심으로 직진하는 저자 특유의 경쾌한 논리 전개, MZ세대(1987년생인 저자는 36세에 이 책을 출간했다)의 감수성으로만 가능한 사례 제시(예컨대 『모모』의 시간 은행, 학교급식 등) 등이 특히 젊은 층에 크게 어필한 것으로 보인다.

이 책은 신박한 형식만큼 내용도 새롭다. 저자는 이 책을 "최근의 연구 성과를 바탕으로 『자본론』을 완전히 새로운 관점에서—'제로에서'—다시 읽고, 마르크스사상을 21세기에 살릴 수 있는 길을 함께 고민"함으로써 "자본주의가 아닌 다른 사회를 상상할 수 있는 힘을 되찾기" 위해 썼다고 말한다(15쪽). 여기서 "제로에서"라는 말은 이 책이 『자본론』에 대한 사전 지식이 거의 없는 사람들도 읽을 수 있을 정도로 쉽다는 뜻뿐만 아니라 이 책이 기존의 『자본론』 해설서들과는 전혀 다른 새로운 시각에서 『자본론』을 설명한다는 뜻도 포함한다. 『자본론』에 대한 기존의 해설서들이 대부분『자본론』은 자본주의에 관한 책이라고 전제하는 것과 달리 이 책은『자본론』이 자본주의 이후 사회, 즉 포스트자본주의사회에 관한 구상이라고 주장한다. 저자는 전작『인신세의 자본론』에서 만년(晩年)의 마르크스의 미출간 원고들의 엄밀한 독해를 통해 이 시기 마르크스의 포스트자본주의 구상을 탈성장 코뮤니즘(Degrowth Communism)으로 정식화한 바 있는데, 이 책에서는 이런 관점에서 중기(中期) 마르크스의 대표작인『자본론』의 의의와 한계를 설명한다. 또 저자는『자본론』에 관한 기존 책들이 대부분『자본론』을 자본주의에 관한 학술적 연구 서적으로 읽는 것과 달리,『자본론』을 "사회변혁을 지향한 '실천의 책'"(『카를 마르크스 자본론』, 11쪽)이라고 본다. 저자는 1867년『자본론』 출판 이후『자본론』에 대해 엄청나게 많은 책들이 쓰였고 또 현재도 쓰이고 있음에도 불구하고, 마르크스주의 좌파가 여전히 소수로 주변화되어 있는 이유는『자본론』에 대한 책들이 대개『자본론』을 자본주의를 다룬 책으로만 읽을 뿐만 아니라, 대부분 "철학적이며 난해한 추상론으로 경도되어 마르크스를 현실에서 분리하여 상아탑에 가두어"(위의 책, 10쪽) 버렸기 때문이라고 주장한다.

하지만『제로에서 시작하는 자본론』이 베스트셀러가 될 수 있었던 데에는 객관적 현실의 변화도 한몫했다. 2008년 글로벌 금융위기 이후 자본주의의 총체적 모순이 격화되면서 지난 세기말 옛 소련의 붕괴 이후 득세했던 TINA('There is no alternative!',

자본주의 이외 대안 부재론)가 급격히 퇴조하고, 자본주의에 대한 근본적인 비판과 대안으로서 마르크스주의와 사회주의에 대한 관심이 세계적으로 부활하고 있는 현상이 바로 그것이다. 실제로 구글엔그램뷰어(Google Ngram Viewer)에서 검색해 보면 1800~2019년 내 매년 전 세계에서 영어로 출판된 책들 중 '마르크스주의(Marxism)' 혹은 '사회주의(socialism)'라는 단어가 포함된 책들의 비율은 2008년 글로벌 금융위기 직후인 2009년 바닥을 치고, 이후 증가 추세로 분명하게 반전된다. 자본주의의 총체적 위기가 격화되고 이에 따라 자본주의 비판과 극복의 사상으로서 마르크스주의와 사회주의에 대한 관심이 부활하고 있는 것이다. 이제 마르크스주의와 사회주의, 『자본론』에 관한 책들은 대학도서관 서가나 중고 서점에서나 찾을 수 있는 구시대의 유물이기는커녕 새로운 트렌드가 되었다. 이 책의 성공은 이런 새로운 트렌드의 반영이면서 동시에 이를 더 가속하고 대중적으로 더 확장할 것으로 보인다.

이 책은 프롤로그 「『자본론』과 빨간 잉크」와 에필로그 「혁명의 시대에」 외에 본문 여섯 장, 즉 1장 「'상품'에 휘둘리는 우리」, 2장 「왜 과로사는 없어지지 않는가」, 3장 「혁신이 '별것 아닌 일'을 낳다」, 4장 「녹색 자본주의라는 우화」, 5장 「굿바이 레닌!」, 6장 「코뮤니즘이 불가능하다고 누가 말했나」로 구성되어 있다. 1장 「'상품'에 휘둘리는 우리」는 『자본론』 제1권 1편인 「상품과 화폐」에 해당되는 부분이다. 기존의 『자본론』 해설서들은 이 부분을 마르크스의 가치론과 화폐론을 중심으로 해설하지만, 저자는 부(富)와 상품의 개념 차이에 주목하여 "자본주의는 인위적으로 '희소성'을 만들어 사람들의 삶을 가난하게 만드는 시스템"(33쪽)이라고 규정하고, 자본주의에서 인간들이 상품에 휘둘리면서 "가성비 사고"가 "내면화"되고 있는 현실을 예리하게 비판한다(54쪽).

2장 「왜 과로사는 없어지지 않는가」는 『자본론』 제1권 3편 「절대적잉여가치의 생산」에 해당되는 부분이다. 저자는 이 장에서 "끝없는 가치 증식 게임"(61쪽)인 자본주의에서는 이윤의 원천이 지불되지 않은 노동시간의 연장에 있기 때문에, 장시간 노동이 필연화되며 이로부터 과로사 등 산업재해가 빈발하게 된다고 말한다.

3장 「혁신이 '별것 아닌 일'을 낳다」는 『자본론』 제1권 4편 「상대적잉여가치의 생산」에 해당되는 부분이다. 저자는 이 장에서 자본주의에서 혁신이 실업과 "불싯 잡(bullshit job)", 즉 "별것 아닌 일"을 만들어 내는 역설을 설명한다. 저자는 구상(conception)과 실행(execution)의 분리에 대한 마르크스의 언급에 주목하면서 "자본의 지배 아래 사람들의 노동이 무내용화되는 것"을 비판하고, "인간의 노동이라는 풍부한 '부'를 회복하기 위해"서는 "구상과 실행의 분리를 극복하고 노동의 자율성을 되찾"아야 한다고 말한다(128쪽).

4장 「녹색 자본주의라는 우화」에서 저자는 마르크스가 『자본론』에서 자본의 탐욕이 자연에도 미치면서 "물질대사"의 "회복 불가능한 균열"(143쪽)을 발생시킨다는 사실에 주목했음을 강조한다. 하지만 저자에 따르면 자본주의에서 물질대사의 "'회복 불가능한 균열'을 수복할 수 있는 미래 사회의 비전"은『자본론』에는 담겨 있지 않으며 "만년의 마르크스 사상"에서 그 단서를 찾을 수 있다고 말한다(154쪽, 156쪽).

5장「굿바이 레닌!」에서 저자는 자본주의의 심화되는 모순을 옛 소련이나 북유럽 복지국가처럼 국가가 위로부터 해결하는 것에는 한계가 분명하다고 주장한다. 저자는 "20세기 사회주의를 표방한 나라들의 실태는 노동자를 위한 사회주의라고는 할 수 없는 단순한 독재체제에 불과"했으며 "자본가 대신 당과 관료가 경제를 좌지우지하는 '국가자본주의'"였다고 말한다(174쪽). 저자는 최근 진보좌파 진영이 대안으로 주장하는 기본소득(BI), 현대화폐이론(MMT) 등도 위로부터의 톱다운형 법 제도 개혁이라는 점에서 "법학 환상"(177쪽)에 갇혀 있다고 비판한다.

6장「코뮤니즘이 불가능하다고 누가 말했나」에서는 이 책의 결론이자 핵심인 탈성장 코뮤니즘 대안이 제시된다. 저자에 따르면 마르크스의 포스트자본주의 대안인 탈성장 코뮤니즘은 "코먼(common)의 재생"으로서 음식, 의료, 교육, 돌봄 등 누구에게나 필요한 것을 탈상품화하여 사람들이 협동으로 관리하는 사회, 즉 "사회의 '부'가 '상품'으로 나타나지 않도록 모두가 공유하고 자치 관리하는 평등하고 지속 가능한 정상형(定常型) 경제사회"(211쪽)이며, 이는 자치를 육성하는 상향형 조직인 "어소시에이션"을 확대하는 아래로부터의 변혁과 "어소시에이션을 통한 탈상품화를 전략의 중심에 두는 것"(187쪽)을 통해 구현될 수 있다고 주장한다. 그런데 탈성장 코뮤니즘은『자본론』에서는 전개되지 않았고 만년의 마르크스의 사상에서도 그 단서 정도만 제시되어 있을 뿐이므로, 이를 발전시키기 위해서는 "마르크스와 함께 사고하면서, 그러나 동시에 마르크스를 넘어서"(208쪽)는 것이 필요하다고 말한다.

　이상에서 보듯이 저자는 이 책에서『자본론』의 관점에서 21세기 자본주의를 비판하고 포스트자본주의 대안을 구상한다. 이 책이 전제하고 있는 저자의 포스트자본주의 대안인 탈성장 코뮤니즘에 관한 상세한 논의는 앞서 언급한 저자의 전작『인신세의 자본론』과 그 학술적 버전인 최근작『인신세의 마르크스: 탈성장 코뮤니즘 사상을 향해』(Marx in the Anthropocene: Towards the Idea of Degrowth Communism, Cambridge University Press, 2024)를 참조할 수 있다. 이 책은『자본론』의 내용 그 자체에 대한 해설을 목적으로 한 책이 아니므로 이를 원하는 독자들은 저자가 이 책 말미에서 추천한 책들과 함께 저자가 직접 사사한 오타니 데이노스케가 쓴『그림으로 설명하는 사회경제학』(정연소 옮김, 한울, 2010)과 그 대중판인 사사키 류지(佐々木隆治, 1974~)의『한 권으로 읽는 마르크스와 자본론』(정성진 옮김, 산지니, 2020)을 참고하면 좋을 것이다. 또 이 책에는『자본론』의 국가

론과 제국주의론에 대한 설명이 생략되어 있는데, 이를 보충하기 위해서는 저자의 절친인 스미다 소이치로(隅田聡一郎, 1986~)의 최신작 『국가에 대항한 마르크스』(『国家に抗するマルクス』, 堀之內出版, 2023)를 참고할 수 있다.

이 책의 저자는 현재 도쿄대학 대학원 종합문화연구과 부교수로 재직 중이지만, 이 대학으로 옮기기 전인 2017년부터 2022년까지는 오사카공립대학 경제학부 부교수로 재직했다. 일본의 좌파 교수들 대부분이 '토종'인 것과 달리 저자는 해외파이다. 저자는 2005년 도쿄대학에 입학했다가 한 학기만 마치고 미국 웨슬리언대학교로 유학을 가서 정치경제학 학부를 졸업한 후 대학원은 다시 독일로 가서 베를린자유대학교와 베를린훔볼트대학교 철학과 박사과정을 수료했다. 저자는 『자연 대 자본: 미완의 자본주의 비판에서 마르크스의 생태학』(Natur gegen Kapital: Marx Ökologie in seiner unvollendeten Kritik des Kapitalismus, Campus Verlag, 2016)으로 출판된 박사학위 논문[지도교수: 안드레아스 아른트(Andreas Arndt, 1949~)]에서 마르크스의 자연과학과 생태학에 관한 미출간 연구 노트 원고들의 엄밀한 독해에 기초하여 만년의 마르크스 사상이 생태사회주의로 전환했음을 입증했다. 저자의 박사학위 논문의 영어판이 2017년 『카를 마르크스의 생태사회주의: 자본, 자연 및 미완의 정치경제학 비판』(Karl Marx's Ecosocialism: Capital, Nature, and the Unfinished Critique of Political Economy, Monthly Review Press, 2017)으로 출판되었는데, 저자는 이 책으로 2018년 마르크스주의 분야 최고 학술상인 도이처기념상(Deutscher Memorial Prize)을 역대 최연소로 수상하여 일약 이 분야 글로벌 슈퍼스타로 부상했다.

저자는 코로나 국면이던 2020년 앞서 언급한 『인신세의 자본론』을 출간했다. 이 책에서 저자는 자신의 생태 사상을 탈성장 코뮤니즘으로 재정립하고 이를 현재의 기후 위기에 대한 대안으로 제시한다. 저자는 전작 『카를 마르크스의 생태사회주의』에서 자신이 주장했던 생태사회주의는 포스트자본주의에서도 지속적인 경제성장을 추구한다는 점에서 문제가 있다고 자기비판하고 이를 탈성장 코뮤니즘으로 더 급진적으로 수정한다. 저자의 탈성장 코뮤니즘에 따르면, 포스트자본주의에서 경제성장은 더 이상 지속적이지도 또 바람직하지도 않으며 오히려 탈성장을 통해 자본주의가 초래한 물질대사의 균열을 복구하고 사회적 및 자연적 부를 비소비주의적 방식으로 풍요하게 재건하는 것이 목적이 되어야 한다. 『인신세의 자본론』도 영어판인 『감속하라: 탈성장 선언』(Slow Down: The Degrowth Manifesto, Penguin Random House, 2024)을 비롯해 각국 언어로 계속 출판되고 있다.

저자의 학문적 경향은 구루마 사메조에서 비롯되어, 오타니 데이노스케, 다이라코 도모나가(平子友長, 1951~)로 이어지고, 현재 사사키 류지, 아카시 히데토(明石英人, 1970~), 스미다 소이치로 등이 주축이 '마르크스연구회' 그룹이 공유하는 비판적 마르

크스주의 경제학 흐름에 속한다. 이들은 마르크스의 사상을 가치형태론과 상품 물신성론에서 출발하는 자본주의 비판과 어소시에이션, 물질대사, 코먼에 기초한 포스트자본주의 대안 모색을 중심으로 접근한다는 점에서, '정통파[전전(戰前)의 '강좌파(講座派)']' 혹은 우노학파(宇野學派)와 같은 일본의 주류 마르크스주의 경제학파들과 구별된다. 저자는 도쿄대학 학부 신입생 시절 오타니 데이노스케로부터 마르크스 육필 원고 해독법 등을 직접 사사하면서 마르크스주의에 입문했다고 한다. 저자가 근작『인신세의 마르크스』를 오타니 데이노스케에게 헌정하면서 그를 자신의 "스승이자 친구"라고 칭한 것도 이런 연유에서이다. 저자는 이러한 일본의 비판적 마르크스주의 경제학 흐름에 기초하면서 히켈(Jason Hickel, 1982~) 등의 탈성장론과 네그리(Antonio Negri, 1933~2023)의 '어셈블리(assembly)' 논의를 비롯한 서구 마르크스주의의 최근 성과들도 흡수하여 자신의 탈성장 코뮤니즘론을 계속 발전시키고 있다.『인신세의 마르크스』와 공편서『코먼의 '자치'론』(『コモンの「自治」論』, 集英社, 2023)은 그러한 시도의 일부이다.

옮긴이가 저자와 처음 만난 것은 2015년 2월 도쿄에서 열린 MEGA 학술 대회 종료 후 뒤풀이 자리에서였다. 그 후 저자와 옮긴이는 2017년 8월 경상국립대학교 초청 세미나, 2017년 5월『자본론』출판 150주년 기념 학술 대회(캐나다 요크대학교)에서 교류를 이어 가다가 2018년 6월 마르크스 탄생 200주년 기념 학술 대회(인도 파트나)에서 의기투합해서 '포스트자본주의와 마르크스주의의 혁신'을 연구 주제로 한국연구재단이 지원하는 한국사회과학(SSK) 연구 프로젝트를 시작했고 지금까지 함께 하고 있다. 저자는 이 연구의 구상 단계에서부터 핵심 아이디어를 제공했을 뿐만 아니라 발군의 연구 생산력으로 이 연구가 그동안 계속되는 데에 크게 기여했다. 탈성장 코뮤니즘도 실은 저자가 2020년 2월 경상국립대학교 SSK 연구단 주최의 국회 세미나에서 먼저 선보인 것이다. 탈성장 코뮤니즘 패러다임이 탄생하는 과정, 또 이와 함께 신진 소장 학자였던 저자가 마르크스주의 분야 글로벌 슈퍼스타로 폭풍 성장하는 과정을 지척에서 지켜볼 수 있었던 것은 옮긴이에게 큰 행운이었다. 저자가 이 책에서 설파한바 자본주의 비판에서 탈성장 코뮤니즘 대안의 실천으로 나아가는 마르크스 『자본론』의 사상이, 이 책의 국내 출판을 통해 우리나라에서도 대중적으로 확산되기를 기대한다. 끝으로 이 책의 가치를 인지하고 옮긴이에게 번역출판을 제안한 아르테 필로스의 장미희 기획위원, 또 옮긴이의 거친 번역문을 꼼꼼하게 교열한 김지영 편집자, 최윤지 편집자를 비롯한 북이십일 출판사의 여러 동료들에게 감사한다.

2024년 2월 10일
정성진

Philos 027

제로에서 시작하는 자본론

1판 1쇄 발행 2024년 3월 13일
1판 3쇄 발행 2024년 8월 14일

지은이 사이토 고헤이
옮긴이 정성진
펴낸이 김영곤
펴낸곳 (주)북이십일 아르테

책임편집 김지영
편집 최윤지
디자인 박대성
기획위원 장미희
출판마케팅영업본부 본부장 한충희
마케팅 남정한
영업 최명열 김다운 김도연 권채영
해외기획 최연순 소은선
제작 이영민 권경민

출판등록 2000년 5월 6일 제406-2003-061호
주소 (10881) 경기도 파주시 회동길 201(문발동)
대표전화 031-955-2100 팩스 031-955-2151
이메일 book21@book21.co.kr

(주)북이십일 경계를 허무는 콘텐츠 리더

북이십일 채널에서 도서 정보와 다양한 영상 자료, 이벤트를 만나세요!
인스타그램 instagram.com/21_arte   페이스북 facebook.com/21arte
          instagram.com/jiinpill21   facebook.com/jiinpill21
포스트 post.naver.com/staubin   홈페이지 arte.book21.com
        post.naver.com/21c_editors   book21.com

ISBN 979-11-7117-472-0 03100